Mario Massa de Campos, Dr.
Kaku Saito, M.Sc.

Sistemas inteligentes em controle e automação de processos

Sistemas inteligentes em controle e automação de processos

Copyright© 2004 Editora Ciência Moderna Ltda.

Todos os direitos para a língua portuguesa reservados pela EDITORA CIÊNCIA MODERNA LTDA.

Nenhuma parte deste livro poderá ser reproduzida, transmitida e gravada, por qualquer meio eletrônico, mecânico, por fotocópia e outros, sem a prévia autorização, por escrito, da Editora.

Editor: Paulo André P. Marques
Produção Editorial: João Luis Fortes
Capa: Paulo Vermelho
Diagramação: Érika Loroza
Assistente Editorial: Daniele M. Oliveira

FICHA CATALOGRÁFICA

Campos, Mario Massa de; Saito, Kaku
Sistemas inteligentes em controle e automação de processos
Rio de Janeiro: Editora Ciência Moderna Ltda., 2004.

Engenharia de sistemas, de automação
I — Título

ISBN: 85-7393-308-9 CDD 629.895
629.892

Editora Ciência Moderna Ltda.
Rua Alice Figueiredo, 46
CEP: 20950-150, Riachuelo – Rio de Janeiro – Brasil
Tel: (021) 2201-6662/2201-6492/2201-6511/2201-6998
Fax: (021) 2201-6896/2281-5778
E-mail: Lcm@Lcm.com.br

Dedicado,
Às nossas famílias e aos nossos amigos.

Agradecimentos

Nosso agradecimento a todos os amigos e colegas das Gerências de Engenharia Básica do CENPES, com os quais trabalhamos em vários dos projetos apresentados neste livro, que contribuíram decisivamente para o sucesso dos mesmos.

Agradecemos ao Eng. MSc. Carlos Henrique de Morais Bomfim e ao Eng. Gabriel da Silva Cardoso pelas sugestões e pelo trabalho de revisão.

Agradecemos à Lúcia Emília de Azevedo, da Universidade Corporativa, pela paciência, revisão e condução de todo o processo.

Finalmente agradecemos à PETROBRAS pela oportunidade de compartilhar este conhecimento junto a toda a comunidade técnica, sem o qual este livro não seria impresso.

Sumário

Apresentação IX

Prefácio XI

Capítulo 1 - Introdução aos Mistérios da Mente Humana 1

1.1 - Introdução 2

1.2. Processos do pensamento humano 2

    1.2.1 Como a mente funciona? 2

    1.2.2 - Como foi a evolução do cérebro? 4

    1.2.3 - Qual o papel da aprendizagem na evolução do cérebro? 5

    1.2.4 - Como está organizada a inteligência? 6

    1.2.5 - Origens da inteligência 7

1.3 - Conclusão 8

1.4 – Referências bibliográficas 8

Capítulo 2 - Inteligência Artificial e Sistemas Especialistas 9

2.1 - Introdução 10

2.2 - Modelo do processo de raciocínio e decisão do ser humano 13

2.3 - O que é Inteligência Artificial (IA)? 16

2.4 - O que são Sistemas Especialistas (SE)? 16

2.5 - Representação dos conhecimentos 18

2.6 - Ambientes para desenvolvimento de sistemas especialistas 20

    2.6.1 - Sistemas especialistas desenvolvidos com uma linguagem de programação ...21

    2.6.2 - Sistemas especialistas utilizando "softwares" específicos para o seu

    desenvolvimento..22

2.7 - Aplicação de sistemas especialistas para gestão do conhecimento 22

2.8 - Aplicação de sistemas especialistas em plantas industriais 34

VI | *Sistemas Inteligentes em Controle e Automação de Processos*

2.8.1 - Sistema especialista para partida de uma plataforma de petróleo 34
2.8.2 - Sistema especialista para a automação de plantas industriais..........................47
2.8.3 - Sistema especialista para a otimização de plantas industriais..........................52
2.8.4 - Sistema especialista para monitoramento e diagnóstico de plantas industriais 54
2.10 – Referências bibliográficas..........................58

Capítulo 3 - Sistemas Inteligentes Baseados na Lógica "Fuzzy" 61

Parte 3.1 - Introdução à Lógica "Fuzzy"..........................63

3.1 - Sistemas baseados na lógica "fuzzy" 64
3.2 - Introdução à lógica "fuzzy"..........................64
    3.2.1 - Subconjuntos "fuzzy"..........................65
    3.2.2 - Operações entre subconjuntos "fuzzy"..........................67
    3.2.3 - Raciocínio em lógica "fuzzy"..........................69
3.3 - Referências bibliográficas 70

Parte 3.2 - Controle "Fuzzy" de Processos..........................73

3.4 - Controle de processo baseado na lógica "Fuzzy" 74
    3.4.1 - Estrutura do controlador baseado na lógica "fuzzy" 74
    3.4.2 - Histórico de aplicações dos sistemas "fuzzy" em controle de processos 81
3.5 – Referências bibliográficas 82

Parte 3.3 - Exemplo do Controlador "PID-Fuzzy" 83

3.6 - Aspectos gerais do projeto de um controlador "fuzzy" 84
3.7 - Projeto de um controlador "PID-FUZZY"..........................85
3.8 - Análise das características do controlador "PI-FUZZY"..........................90
3.9 – Referências bibliográficas 94

Parte 3.4 - Controlador "Fuzzy" Para a Partida de Unidades 95

3.10 - Exemplo de um controlador multivariável 'fuzzy' 96
3.11 – Referências bibliográficas 100

Parte 3.5 - Controladores "Fuzzy" em Sistemas Não-Lineares 101

3.12 - Controladores "fuzzy" em sistemas não-lineares..........................102

Parte 3.6 - Desenvolvimento de um Controlador "Fuzzy"..........................111

3.13 - Geração de uma aplicação de controle fuzzy..........................112
    3.13.1 - Inclusão das variáveis e termos lingüísticos..........................113
    3.13.2 - Criação da base de regras 115
    3.13.3 - Definição do set-point 117
    3.13.4 - Modelo para simulação..........................118
    3.13.5 - Simulação e otimização "off-line"..........................119
    3.13.6 - Gerenciador de projeto 120

Parte 3.7 - Outras aplicações industriais de controladores "Fuzzy" 121

3.14 - Controladores "fuzzy" para unidade de água ácida..........................122
3.15 - Controlador "Fuzzy" para Balanceamento dos Passes de um Forno..........................125
3.16 - Controlador "Fuzzy" para Otimizar a Injeção de Vapor na Unidade..........................131

Sumário | VII

Capítulo 4 - Sistemas Inteligentes Baseados em Redes Neurais 135

Parte 4.1 - Introdução às Redes Neurais...137

4.1 - Introdução a redes de neurônios ou redes "neurais" 138
4.2 - Fundamentos biológicos 138
    4.2.1 - O cérebro humano 138
    4.2.2 - As células nervosas - neurônios 140
    4.2.3 - Funcionamento das células nervosas - neurônios 141
    4.2.4 - Rede de neurônios 142
4.3 - Rede de neurônios artificial - multicamadas 142
    4.3.1 - O neurônio artificial 144
    4.3.2 - Rede neural - rede de neurônios artificial 144
    4.3.3 - Propriedade de aproximação universal das redes neurais......................................145
    4.3.4 - Generalidades sobre o processo de aprendizagem 146
4.4 - Referências bibliográficas 149

Parte 4.2 - Exemplos de Redes Neurais 151

4.5 - Perceptron...152
4.6 - Rede de Kohonen...153
4.7 - Rede com lei de aprendizagem de Hebb 155
4.8 - Rede ADALINE (ADAptive LINear Element) 156
4.9 - Rede multicamadas e algoritmo da retropropagação 157
4.10 - Rede neural de base radial 162
4.11 - Referências bibliográficas 163

Parte 4.3 - Sistemas "Neuro-Fuzzy" 165

4.12 - Sistemas "Neuro-Fuzzy" 166
4.13 - Rede neural composta por hiper-retângulos Fuzzy (RNHRF) 167
4.14 - Controlador "Neuro-Fuzzy" 169
    4.14.1 - Controlador "fuzzy" na forma "Takagi e Sugeno"...169
    4.14.2 - Estrutura do controlador "neuro-fuzzy" 170
    4.14.3 - Algoritmo de aprendizagem 172
    4.14.4 - Aprendizagem da estrutura 173
    4.14.5 - Aprendizagem paramétrica..173
    4.14.6 - Exemplo de aplicação: coluna desbutanizadora 175
    4.14.7 - Análise dos resultados 176
4.15 - Referências bibliográficas...176

Parte 4.4 - Exemplos de Aplicações de Redes Neurais 179

4.16 - Exemplos de aplicações de redes neurais 180
4.17 - Rede para modelar uma resposta dinâmica de um processo 180
4.18 - Redes neurais para inferência da qualidade dos produtos 185
4.19 - Modelos baseados em redes neurais para otimização das unidades 187
4.20 - Referências bibliográficas...190

Parte 4.5 - Aplicação de Redes Neurais Para o Controle de Processos...................................191

4.21 - Aplicação de redes neurais para o controle de processos 192

VIII | *Sistemas Inteligentes em Controle e Automação de Processos*

4.22 - Aplicação de rede neural "CMAC" para o controle de Processos 196
    4.22.1 - Estrutura da rede neural "CMAC" 197
    4.22.2 - Aprendizagem da rede "CMAC"...198
    4.22.3 - Aplicação da rede "CMAC" para controle de processos 199
4.23 - Referências bibliográficas..202
Capítulo 5 - Sistemas Inteligentes Baseados em Algoritmos Genéticos....................205
5.1 - Introdução aos algoritmos genéticos 206
5.2 - Introdução à Teoria da Evolução 206
5.3 - Breve introdução aos algoritmos de otimização 207
5.4 - Características dos algoritmos genéticos (AG) 209
5.5 - Algoritmo genético (AG) com parâmetros codificados binariamente 210
5.6 - Algoritmo genético (AG) com parâmetros contínuos 213
5.7 - Resultados de um exemplo de algoritmo genético (AG) 218
5.8 - O algoritmo genético evolução diferencial...220
5.9 - Aplicações em Engenharia...224
5.10 - Sintonia de controladores preditivos multivariáveis utilizando-se AG 225
5.11- Referências bibliográficas..234

Apresentação

Os engenheiros Mario Massa de Campos e Kaku Saito têm se mostrado, ao longo de suas carreiras na Petrobras, obstinados na busca de conhecimentos na área de controle e automação de processos.

Seus trabalhos, suas experiências profissionais têm sido ampliadas e repassadas de uma forma constante e duradoura para os engenheiros e técnicos da Empresa, através de artigos, apostilas e treinamentos realizados na Universidade Petrobras.

Este livro é mais um resultado desta dedicação, onde o profissional da Petrobras, mostra sua capacidade de construir soluções a partir dos conhecimentos existentes para então compartilhar com a comunidade técnica. Os autores estão de parabéns pelo resultado alcançado, o que é uma conseqüência inevitável do conhecimento acumulado ao longo de suas vidas profissionais.

Os Recursos Humanos, através do Programa de Editoração de Livros Didáticos da Universidade Petrobras, sentem-se honrados em coeditar a publicação deste livro, uma iniciativa que busca estabelecer uma bibliografia de consulta permanente para seus profissionais, bem como retornar à sociedade o investimento e a confiança depositados em suas atividades.

Recursos Humanos
Universidade Petrobras

Prefácio

Este livro tem por objetivo apresentar conceitos e exemplos de aplicações dos chamados "sistemas inteligentes" na área de controle, automação e otimização de processos. Os chamados "sistemas inteligentes" abrangem uma série de técnicas como os "sistemas especialistas", os sistemas baseados na lógica "fuzzy" ou difusa, as "redes neurais" e os algoritmos genéticos. Apesar de cada uma destas técnicas terem fundamentos e aplicações diferentes, todas têm um ponto em comum, que é o fato de terem se originado na tentativa de "imitar" uma característica do ser humano ou da natureza.

Elas nasceram com a "pretensão" ou vontade de reproduzir artificialmente a inteligência dos seres humanos e da natureza não modelados ainda de maneira fenomenológica. Obviamente, como se mostra no capítulo 1 deste livro, os próprios conhecimentos de como funciona a mente humana ainda estão longe de serem completamente desvendados. E mesmos aqueles conhecimentos já consagrados, foram apenas parcialmente representados nos chamados "sistemas inteligentes". Não obstante estas limitações, estes sistemas têm realizado grandes feitos na área de controle e automação de processos. Como exemplo, a aplicação de sistemas especialistas para a consolidação dos conhecimentos e o apoio à operação tem se mostrado uma ferramenta útil e acredita-se que deverá estar cada vez mais presente nos sistemas de controle das unidades industriais no futuro. Estes sistemas são capazes de auxiliar os operadores no diagnóstico e detecção de falhas, e na execução de procedimentos, evitando erros humanos, paradas das unidades e principalmente acidentes. A "inteligência" destes sistemas é obtida, na maioria dos casos práticos, através da extração dos conhecimentos dos especialistas da área, pois ainda existem dificuldades para dotá-los de uma lógica de aprendizagem automática.

XII | *Sistemas Inteligentes em Controle e Automação de Processos*

A automação de processos complexos utilizando lógica "fuzzy" também é outra técnica que deverá ser muito utilizada nos próximos anos, uma vez que reproduz, através da heurística, o raciocínio humano. Finalmente técnicas de inferência e otimização utilizando tecnologias como redes neurais e algoritmos genéticos podem colaborar como mais uma alternativa para os processos clássicos de modelagem fenomenológica e otimização rigorosa.

Este livro visa introduzir o leitor nos conceitos básicos destas técnicas, sugerindo referências que abordam mais a fundo os aspectos teóricos das mesmas. Entretanto, o principal foco deste livro será o de mostrar vários exemplos de aplicações práticas destes sistemas inteligentes, com os respectivos passos necessários à sua implantação.

Capítulo 1

Introdução aos Mistérios da Mente Humana

1.1 - Introdução

Como os seres humanos pensam? Quais são as *etapas* utilizadas para se resolver um problema difícil, ou para se tomar uma decisão? A Inteligência Artificial (IA) nasceu tentando "aprender" como os seres humanos pensam e resolvem problemas, explicitando metodologias e introduzindo-as na programação de computadores. A idéia era construir sistemas que fossem "inteligentes" e capazes de "pensar".

Em 1950, Alan Turing propôs um método para determinar se uma máquina consegue ou não pensar: uma pessoa e uma máquina são colocadas aleatoriamente na sala "A" ou "B", e uma outra pessoa, através de perguntas e respostas, tentará descobrir quem é a máquina e quem é a pessoa. O objetivo da máquina é enganar o interrogador para que este pense que a máquina é uma pessoa. Se a máquina tiver sucesso, então pode-se concluir que ela foi capaz de pensar. Este método desde então ficou conhecido como *teste de Turing* [Rich e Knight, 1994].

De uma maneira simplificada, pode-se afirmar que a área da Inteligência Artificial (IA) procura utilizar os computadores para simular o processo do pensamento humano durante a resolução de determinados problemas. Entretanto, o conhecimento de como se processa o pensamento e a tomada de decisão no ser humano ainda não está completamente compreendido e possui vários "mistérios" [Pinker, 1999]. Muitas aplicações reais de IA usam os computadores para realizar ou automatizar tarefas de uma forma "inteligente", ou seja, de uma forma que se fosse feita por um ser humano seria considerada uma ação "inteligente". Estas aplicações, atualmente, são muitas vezes chamadas de sistemas "inteligentes", que é o assunto deste livro.

Antes de descrever os sistemas inteligentes, como os baseados em sistemas especialistas, será apresentada a seguir uma introdução simplificada de alguns dos conhecimentos disponíveis sobre os processos do pensamento humano, uma vez que estes processos e os seus respectivos modelos inspiraram bastante o desenvolvimento das técnicas de inteligência artificial.

1.2. Processos do pensamento humano

1.2.1 Como a mente funciona?

A teoria computacional da mente [Pinker, 1999] considera que esta é um sistema de "órgãos" de computação projetados para resolver os problemas enfrentados por nossos ancestrais em suas vidas. Assim como os órgãos do corpo, cada "órgão" da mente teria a sua função específica. Nesse caso, o cérebro não seria um solucionador geral de problemas, mas um conjunto de sistemas, cada um especializado em resolver um certo problema, como os associados à visão, à audição, ao planejamento, à caça, à procura de parceiros sexuais etc.

Como todos esses problemas são complexos, acredita-se que o cérebro utilize várias "heurísticas" para resolvê-los em um tempo aceitável.

Exemplificando, a retina transforma o mundo 3D (tridimensional) em uma imagem 2D (bidimensional), que o cérebro reconstitui novamente em uma imagem 3D incorporando informações ou hipóteses desse mundo. Supõe-se que essa reconstrução é realizada usando informações de diferentes módulos. Cada módulo de pré-processamento da imagem da retina fornece sua resposta em relação à cor, ao contorno, a profundidade e ao movimento, e em seguida o cérebro associa estes dados e incorpora as suas "crenças" para gerar a sua imagem mental 3D. Exemplos do que se acredita que sejam estas hipóteses ou regras a respeito do mundo são:

- O mundo material é composto de "objetos";
- Se dois corpos seguem caminhos separados, então são objetos distintos;
- Os objetos movimentam-se ao longo de trajetórias contínuas;
- Não se espera que um objeto atravesse barreiras.

Quando algumas das hipóteses ou regras acima são violadas, o ser humano é enganado pelas ilusões, como nos espetáculos de mágica ou no cinema [Pinker, 1999].

Como mostra apropriadamente Donald Hoffman em seu livro "Inteligência Visual" [Hoffman, 2001], a visão não é meramente um produto passivo da percepção, mas um processo inteligente de construção ativa das cenas visuais. A distância, o tamanho, a cor, a sombra, a textura, o movimento, a forma, a percepção de objetos e das cenas são todos criações de partes distintas do nosso cérebro, que são interligados para se ter uma visão completa do mundo que nos cerca. Entretanto, em caso de danos em partes localizadas do cérebro pode-se perder partes desta criação, impedindo a identificação de cores ou do movimento de objetos [Damásio, 1998].

Como citado anteriormente, o problema fundamental da visão é que o cérebro deve converter uma imagem da retina, que tem duas dimensões (2D), em uma representação do mundo tridimensional (3D). No entanto, pode-se observar que a partir de uma imagem 2D existem infinitos mundos 3D possíveis. Entretanto, as crianças de 1 ano, ao serem capazes de andar, demonstram que já possuem uma boa representação do mundo 3D, sem terem aprendido nenhuma regra específica. Como isso é possível? Uma explicação é supor que elas tenham **um conjunto de regras inatas** de como construir mundos 3D a partir das informações da retina. As pesquisas indicam essa direção [Hoffman, 2001]. Essas regras seriam inatas ao ser humano, pois são universais e todas as crianças do mundo são capazes de construir essa representação do mundo.

Desta forma, o cérebro pode resolver um problema complexo, com infinitas soluções, em pouco tempo, através da utilização de um conjunto de regras ou heurísticas, que o guiam nas escolhas das soluções viáveis. Exemplos de como o cérebro cria as imagens e os movimentos que vemos podem ser encontrados no livro de Hoffman (2001).

1.2.2 - Como foi a evolução do cérebro?

O cérebro permite ao organismo interpretar os sinais do exterior, fazer uma imagem mental, prever situações e se movimentar neste mundo. Esse processador de informações é muito potente, mas não se pode dizer que o cérebro foi ou é uma tendência ou um "objetivo" da evolução das espécies [Pinker, 1999]. Muitos organismos, que tiveram o mesmo tempo para evoluir, não seguiram esse caminho de ter um cérebro cada vez maior e mais complexo, e mesmo assim sobreviveram e estão muito bem adaptados ao meio ambiente.

Na realidade apenas uma espécie, das mais de 50 milhões do planeta, evoluiu para um ser "inteligente" com um cérebro complexo. Algumas razões que podem ter dificultado a evolução do cérebro em outras espécies são:

- O cérebro necessita de muita energia para o processamento das informações. Esse órgão representa apenas 2% da massa corporal, mas consome cerca de 20% da energia necessária ao corpo humano.

- É necessário muito tempo para que o organismo "aprenda" a utilizar essa "máquina de calcular". Com isso, no caso do ser humano, ele deve ficar sob a supervisão dos seus pais durante muitos anos na sua longa infância representando um risco muito grande em certos ambientes hostis.

Por outro lado, a existência do cérebro se traduz em uma maior capacidade de valorizar as informações processadas pelo mesmo. Ele é capaz de aumentar a eficiência da percepção, do raciocínio, da memória, do pensamento e da ação. Dessa forma, o organismo com um cérebro desenvolvido é capaz de resolver cada vez melhor os problemas apresentados pelo seu estilo de vida e, portanto, se adaptar melhor e mais rapidamente ao seu meio.

No ser humano, o crescimento do cérebro foi seletivo [Eccles, 1989], isto é, ele privilegiou certas áreas em detrimento de outras. Por exemplo, as partes olfativas e as de pré-processamento da visão diminuíram relativamente às áreas de processamento de formas complexas e as associadas à linguagem. Os lobos pré-frontais associados ao pensamento e ao planejamento inflaram e atingiram o dobro do tamanho do de um primata equivalente.

Essa inflação das áreas cerebrais associadas ao pensamento permitiu ao ser humano entrar no chamado "nicho cognitivo" [Pinker, 1999], onde o organismo é capaz de criar teorias intuitivas e abstratas sobre o mundo (objetos, forças, trajetórias, estados etc.) e transmiti-las aos outros através da linguagem. Esses modelos cognitivos permitem que a aprendizagem de uma geração seja de certa forma preservada, valorizada e passada às gerações futuras. Ou seja, a evolução do cérebro permitiu a acumulação dos conhecimentos na espécie ou no grupo. Na realidade, a informação é o único bem que pode ser compartilhado, através da linguagem, com outros organismos permitindo-se assim usufruir as vantagens da transmissão de conhecimentos. Dessa forma, a entrada do ser humano nesse "nicho cognitivo" permitiu a valorização e a acumulação dos conhecimentos.

1.2.3 - Qual o papel da aprendizagem na evolução do cérebro?

Acredita-se que os conhecimentos de um ser humano estão armazenados nas conexões entre as suas células nervosas ou neurônios. Logo, como o número de conexões é enorme, em torno de um milhão de bilhões de conexões (10^6x10^9=10^{15}), esses conhecimentos não poderiam ser inatos, uma vez que o número de genes do "homo-sapiens" não seria capaz de pré-programar todas as conexões do cérebro. Portanto, acredita-se que os genes construíram um cérebro capaz de aprender, isto é, projetou conexões que podiam ter três estados:

- conectadas;
- desconectadas;
- e capazes de aprender, ou seja, ficarem conectadas ou desconectadas.

Quanto mais cedo um animal adquire conhecimentos, ou em outras palavras, ajusta as suas conexões, e é capaz de resolver os seus problemas específicos de sobrevivência, mais tempo ele teria para se reproduzir e passar os seus genes e estruturas para as próximas gerações. Logo, quanto maior fosse o número de conexões congênitas ou inatas corretas, menos tempo seria necessário para aprender as restantes, dando a esse organismo uma vantagem evolutiva. Dessa forma, a evolução foi tateando no sentido de aumentar o número de módulos mentais "pré-programados". Esses módulos mentais inatos, que representam um certo conhecimento, não minimizam a importância do aprendizado, mas valorizam essa tarefa de registrar experiências e fazer generalizações úteis.

As emoções, crenças ou instintos seriam exemplos desses módulos mentais "pré-programados" que levariam os seres humanos a reagirem da forma "mais apropriada" a certos estímulos [Miller, 2001].

Exemplos de comportamentos instintivos são:

- Procurar um lugar protegido e aquecido quando está muito frio;
- Procurar um parceiro sexual;
- Procurar comida quando se está com fome etc.

Portanto, estes instintos seriam "pré-programados" pelos genes no cérebro através de conexões dos neurônios que resultam nos comportamentos esperados. Um fato que justifica tais tipos de estruturas inatas no cérebro, é que em todas as culturas humanas, por mais diferentes que sejam umas das outras, possuem palavras para expressar noções como espaço, tempo, movimento, velocidade, estados mentais, instrumentos, flora, fauna e conectivos lógicos (não, e, ou, oposto, igual a, parte, todo).

Entretanto, o comportamento não pode ser explicado apenas por esses programas "inatos". A capacidade de aprendizagem do cérebro permite que o ser humano aprenda o conjunto de regras da sua sociedade, isto é, o chamado "senso comum". Este bom senso permite ao homem, dentro de uma certa cultura, ser seletivo, escolher as informações importantes, ser capaz de prever, controlar e explicar o comportamento de si próprio e dos outros.

Todos esses conhecimentos ficam armazenados na memória e são processados, quando necessário, no córtex. Acredita-se que o córtex é o responsável pelo raciocínio abstrato. A sua evolução se deu "copiando" e valorizando estruturas e conexões usadas em outras áreas cerebrais associadas aos mapas visuais (processamento de imagens) [Pinker, 1999], sendo que no córtex as informações ou sinais de entrada vêm da memória (hipocampo), em vez dos olhos.

1.2.4 - Como está organizada a inteligência?

A inteligência poderia ser definida como a capacidade de atingir objetivos diante de obstáculos por meio de decisões baseadas em regras racionais. Esta inteligência não provém da matéria ou da energia, mas da manipulação ou do processamento de informações.

A teoria computacional da mente modela o processo de tomada de decisão do cérebro através de um sistema de produção. A partir de um certo objetivo e considerando os fatos atuais (informações vindas dos sentidos), a mente busca nas suas regras inatas (crenças) ou aprendidas (bom senso cultural), que estão na memória de longo prazo, uma solução ou uma boa ação (procedimento), já aprendida anteriormente.

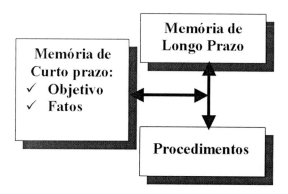

Figura 1.1 – *Diagrama simplificado do modelo de tomada de decisão.*

Acredita-se que as crenças são um conjunto de procedimentos ou reflexos inscritos na memória que esperam um comunicado específico e que reagem a desejos ou objetivos e fatos ou percepções dos sentidos, gerando novos fatos, que são armazenados na memória de curto prazo, em um processo de "computar" que pode ser interpretado como o PENSAR. Em algum momento, esse processo de inferência deve parar e o organismo deve agir.

Acredita-se que esse modelo de sistema de produção ocorra em um nível mais elevado do pensamento. Em um nível inferior as regras e memórias seriam implementadas em algo como as redes neurais, que serão estudas em um capítulo deste livro. Entretanto, as redes (escola conexionista) não permitem representar noções abstratas como a definição de um indivíduo, principalmente devido à explosão combinatória necessária e ao fato de existir um número finito de neurônios. Logo, um sistema de produção com regras para manipular símbolos poderia explicar melhor grande parte da inteligência. Podem-se ter regras do tipo:

- Se duas idéias são vivenciadas juntas então estarão associadas na mente;
- Tudo o que estiver associado a uma idéia pode ser automaticamente associado a uma idéia semelhante.

Essa maneira de as pessoas generalizarem é talvez o sinal mais revelador de que a mente usa algo como uma rede semântica, onde várias representações são ligadas a um conceito, e onde cada estrutura simples (pessoas, ações etc.) é representada apenas uma vez na memória de longo prazo, e o processador desloca a atenção de uma estrutura para a outra até a solução de um certo problema (transições sucessivas).

1.2.5 - Origens da inteligência

A inteligência é adquirida ou inata? Sem dúvida, ambos os fatores são importantes. A genética influencia na capacidade de aprender e agir inteligentemente, mas o contato com o conhecimento é fundamental. Em uma pesquisa com crianças adotadas, observou-se que os resultados do Q.I. das mesmas muitos anos depois eram mais parecidos com os dos pais adotivos do que com os resultados dos pais verdadeiros. Na realidade, uma grande parte do que se chama "talento" é de fato uma grande motivação que empurra para exercícios, e para a prática em uma determinada área. A idéia de que fulano nasceu para músico, um outro para cientista, tem bases muito frágeis. Na realidade, o cérebro se desenvolve através da interação com o meio externo [Levy e Servan-Schreiber, 1997].

Por outro lado, a genética também molda as estruturas físicas do cérebro (conexões dos neurônios), levando gêmeos idênticos que foram criados separadamente a terem comportamentos e gostos parecidos [Pinker, 1999].

1.3 - Conclusão

Foi apresentada nesta unidade uma introdução simplificada dos processos mentais e dos seus respectivos modelos. Observou-se que um comportamento inteligente é fruto de uma série de fatores:

- Um conjunto de regras para representar os conhecimentos, que permite que o ser humano tome decisões em um tempo hábil;
- Uma capacidade de memorização de regras inatas ou adquiridas;
- Uma capacidade de aprendizagem de novas regras;
- Uma capacidade de inferência, de generalização, de seleção e de decisão.

A inteligência artificial se inspirou em muitos desses modelos para construir programas de computador "inteligentes". Na próxima unidade serão mostrados como estes modelos citados neste capítulo, de regras inatas ou conhecimentos adquiridos auxiliando o processo de decisão humana, inspiraram o desenvolvimento de programas conhecidos como "sistemas especialistas".

1.4 – Referências bibliográficas

[1] Damásio, A.D., 1998, "O erro de Descartes - Emoção, razão e o cérebro humano", Ed. Schwarcz.

[2] Eccles, J., 1989, " A Evolução do Cérebro ", Instituto Piaget.

[3] Hoffman, D., 2001, " Inteligência Visual - Como criamos o que vemos ", Editora Campus Ltda.

[4] Levy e Servan-Scheiber, 1997, "Les Secrets de l`Intelligence ", Hypermind&UbiSoft.

[5] Miller, G.F., 2001, " A Mente Seletiva ", Editora Campus Ltda.

[6] Pinker, S., 1999, " Como a Mente Funciona ", Editora Schwarcz Ltda.

[7] Rich, E. e Knight, K., 1994, " Inteligência Artificial ", Segunda edição, Makron Books do Brasil Editora Ltda.

Capítulo 2

Inteligência Artificial e Sistemas Especialistas

2.1 - Introdução

Qualquer aplicação computacional que execute tarefas, consideradas pelos seres humanos como "inteligentes", pode ser denominado um sistema baseado em inteligência artificial.

O processo de "pensar" e "decidir" do ser humano apresenta as seguintes características:
- Raciocínio – é o processo de inferência a partir de objetivos, fatos e conhecimentos, visando obter possíveis ações. Ele está associado à previsão e ao planejamento.
- Decisão – é o processo que, considerando as incertezas e as preferências, escolhe apenas uma ação dentre diversas alternativas, para o problema em questão;
- Aprendizagem – é o processo que, a partir dos resultados alcançados por uma decisão, valoriza ou não, no futuro, decisões semelhantes.

Um sistema de inteligência artificial está interessado em modelar e implementar em computadores, programas que possuam uma ou várias dessas características.

A primeira aplicação de um sistema utilizando os conceitos de inteligência artificial surgiu em 1955 com o programa "Logic Theorist", que era capaz de provar teoremas matemáticos e resolver problemas de uma maneira "humana". No lugar de realizar uma busca sistemática ou exaustiva, o programa realizava uma busca seletiva. Sabe-se que o ser humano costuma usar os seus conhecimentos de forma a obter a solução do seu problema sem analisar todas as possibilidades, agindo de uma maneira seletiva [Rich e Knight, 1994].

Dessa forma, o início da IA passou pela tentativa de modelagem do processo de tomada de decisão do ser humano e de translatar esse processo para programas de computadores. Um dos modelos do processo de percepção é o de Stephen Kosslyn [Levy e Servan-Schreiber, 1997], onde as tarefas mentais complicadas são divididas em subtarefas mais simples, e onde há uma busca de informações na memória e externamente até a solução do problema (Figura 2.1).

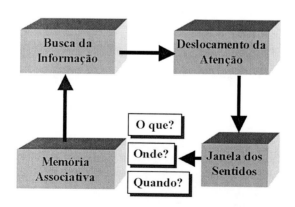

Figura 2.1 - Modelo de Percepção de Stephen Kosslyn.

Outro exemplo de programa que utiliza as técnicas de IA são os "softwares" para jogar xadrez. Estes programas utilizam a velocidade dos computadores para explorar milhões, ou até mesmo bilhões de movimentos antes da tomada de uma decisão. Através de experiências em laboratórios, sabe-se que os seres humanos, mesmo os mestres de xadrez, não examinam mais do que uma centena de movimentos. Estes jogadores trabalham diferente do computador. O ser humano usa índices e outros conhecimentos para ser seletivo e escolher um bom caminho, que não é necessariamente o ótimo. Muitas vezes na prática, o suposto "ótimo" pode não ser a melhor solução, já que procuramos meios de resolver um problema também da maneira mais rápida possível.

Uma das conclusões desses estudos sobre a inteligência, é que a velocidade de cálculo não é o suficiente para se ter bons resultados e não é necessariamente um requisito para que o programa se comporte de forma inteligente. A conclusão a que se chega é que a velocidade não substitui completamente o conhecimento [Levy e Servan-Schreiber, 1997].

O programa de xadrez "Deep Blue" [www.ches.ibm.park.org] calcula e explora os seus possíveis movimentos rapidamente, mas ele também possui uma grande quantidade de conhecimentos sobre o jogo, de forma a reconhecer situações, padrões e escolher um movimento de maneira seletiva. Portanto, à medida em que os programas de computador forem projetados para obter mais conhecimentos, eles necessitarão cada vez menos de realizar uma busca exaustiva, e desta forma a velocidade do "hardware" será menos crítica.

Por outro lado, quanto mais rápida for a capacidade de processamento e quanto maior for a capacidade de memória, melhor para qualquer sistema de informação, incluindo o sistema "ser humano". Um dos reais limites do pensamento humano é a pequena memória de curto prazo. Estudos indicam que as pessoas em geral só conseguem memorizar sete itens de cada vez, como sete letras, sete palavras ou sete símbolos. Já um mestre de xadrez possui memorizado mais de 50000 itens em um processo de aprendizado de longo prazo. Esse indivíduo é capaz de olhar um tabuleiro com 25 peças e reproduzi-lo depois de cinco segundos com 95% de sucesso, enquanto que uma pessoa normal acertaria apenas a posição de sete ou oito peças.

Entretanto, ao avaliarmos o processo mental de um mestre de xadrez, veremos que na realidade ele associa várias posições de peças em um item, aplicando-o na memória de curto prazo, aproximadamente um conjunto de sete itens. Um item pode representar um conjunto de conhecimentos que fica armazenado na memória declarativa, assim como na memória procedural.

A memória declarativa é aquela capaz de associar fatos e coisas. Já a memória procedural é aquela relacionada a competências e maneiras de fazer as coisas. Se as peças de xadrez forem agora substituídas por pedras, esses mesmos mestres passam a ter o desempenho normal memorizando a posição de sete ou oito pedras.

Para se tornar um especialista em uma área estima-se que sejam necessários pelo menos 10 anos de estudos e práticas, e a "memorização" de pelo menos umas 10000 regras do domínio em questão. O especialista necessita de muitos conhecimentos de forma a realizar uma pesquisa seletiva e resolver problemas através de poucas tentativas [Pinker, 1999].

A figura 2.2 ilustra qualitativamente que para quaisquer níveis de desempenho, representados pelas curvas, quanto maior for o conhecimento, menor será o tempo necessário para se resolver um problema em questão.

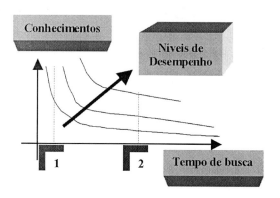

Figura 2.2 – *Curvas de desempenho do sistema.*

O especialista é capaz de reconhecer uma situação e fornecer uma resposta. No entanto, em geral, ele tem dificuldades em descrever as etapas que foram usadas para se chegar a essa conclusão.

Toda atividade cognitiva que necessita de uma certa competência e de uma certa prática repousa mais no uso de conhecimentos implícitos do que nos explícitos. Geralmente, o papel dos conhecimentos explícitos, como as regras de gramática, é o de guiar a formação dos conhecimentos implícitos.

O conhecimento, a despeito das múltiplas interpretações que o termo recebe, não é sinônimo de acúmulo de informações, mas um agrupamento articulado delas por meio da legitimação empírica, cognitava e emocional. O termo "conhecimento" significa compreender todas as dimensões da realidade, captando e expressando essa totalidade de forma cada vez mais ampla e integral [Morin, 1999].

Os modelos de conhecimento, ou processos de raciocínio e decisão baseados na explicitação do conhecimento, tentam capturar esses processos de legitimação formulando estruturas de busca, segregação, validação e valoração de informações.

Portanto, assim como nos seres humanos, o desempenho de um sistema artificial depende dos conhecimentos adquiridos e estruturados para facilitar a solução de um certo problema.

2.2 - Modelo do processo de raciocínio e decisão do ser humano

Como o ser humano usa o seu conhecimento e julgamento? Um modelo para esse processo de raciocínio e decisão poderia ser descrito pelas seguintes etapas:
- Definição dos objetivos e do "espaço de domínio do problema" com suas características e regras;
- Busca seletiva do conhecimento necessário à ação (regras de inferência);
- Atenção seletiva (obter novos fatos através dos sentidos);
- Conhecimentos declarativos associados ao problema (memória declarativa);
- Conhecimentos procedurais (memória procedural).

A figura 2.3 mostra um esquema desse modelo de decisão. Como já foi discutido, o ser humano tem uma grande capacidade de resolver problemas através dos seus conhecimentos e julgamentos, apesar da sua "baixa" velocidade de processamento. Estima-se que um comportamento inteligente poderia ser representado ou descrito por aproximadamente 100 regras [Levy e Servan-Schreiber, 1997].

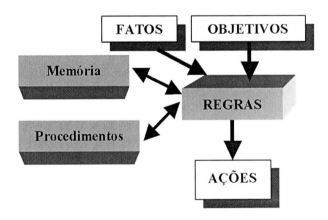

Figura 2.3 - Modelo para a tomada de decisões.

A seguir iremos detalhar um pouco mais esse modelo do processo de decisão no ser humano, apresentando os conceitos de memória declarativa, procedural e objetivos.

Memória Declarativa

Esta memória contém todos os conhecimentos de fatos do ser humano, como que 2 mais 3 é igual a 5, ou que o presidente de um país é "fulano". Uma das possíveis formas de representar esse conhecimento é decompondo-o em pequenas entidades chamadas "itens". O conjunto desses "itens" formam uma rede semântica, conforme a figura 2.4.

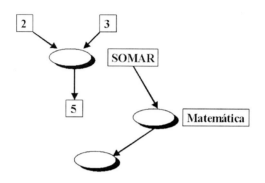

Figura 2.4 - Exemplo de representação da memória declarativa (rede semântica).

A aprendizagem de um novo fato a ser armazenado na memória declarativa costuma ser rápida. Podemos rapidamente memorizar um número de telefone. Entretanto, esse fato também será esquecido rapidamente se não for usado freqüentemente. Isso decorre da pequena capacidade da memória de curto prazo do ser humano e ele "automaticamente" se encarrega de eliminar as informações que não são "importantes" por não estarem sendo usadas.

Memória Procedural

Esta memória contém registradas todas as competências de um ser humano, como a capacidade de andar, de dirigir um carro, de jogar futebol etc. Uma das possíveis formas de representar esse conhecimento é decompondo-o em regras principais e secundárias, como na figura 2.5 a seguir.

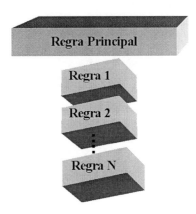

Figura 2.5 *– Modelo para a memória procedural.*

O grande problema da memória procedural é que muitas etapas ou regras já aprendidas "se passam" ou são executadas fora do campo da consciência (conhecimentos implícitos), e dessa forma pode ser difícil obter de um especialista uma descrição de como ele chegou a uma determinada conclusão ou como ele executou uma certa ação.

O ser humano também não possui uma grande memória procedural, logo ele tende a ser muito seletivo na aprendizagem de novas competências. Dessa forma, a aprendizagem de uma nova habilidade costuma ser lenta, e exige muito treinamento e prática. Podemos citar que o ser humano leva meses para coordenar os músculos e aprender a andar, a praticar um esporte com um bom desempenho, a andar de bicicleta etc. Entretanto, esta memória procedural é de longo prazo, isto é, ela não é esquecida rapidamente mesmo se não for usada freqüentemente. Um atleta profissional pode ficar meses e mesmo anos sem jogar tênis, mas continuará capaz de jogar sempre que quiser, apesar do seu desempenho não ser o mesmo.

Objetivos

O ser humano é movido a objetivos ou interesses. O objetivo do momento dispara e ativa os conhecimentos declarativos associados que estão na memória. Estes conhecimentos podem determinar a escolha de um novo objetivo, ou podem disparar a execução de uma determinada ação. Esta ação pode necessitar de conhecimentos ou competências que estão armazenadas na memória procedural. Após executar esta ação, escolhe-se seletivamente um novo objetivo e, assim por diante, fechando o modelo do processo de decisão do ser humano.

2.3 - O que é Inteligência Artificial (IA)?

Este modelo de tomada de decisão do ser humano (Figura 2.3) inspirou muitos trabalhos na área de IA, onde se deseja obter programas que forneçam soluções "inteligentes". Uma definição para IA é:

"É a parte da ciência da computação envolvida no projeto de sistemas que exibem características que associamos com inteligência no comportamento humano." [Barr e Feigenbaum, 1981].

Várias são as técnicas na área de IA utilizadas para se obter diversos tipos de sistemas "inteligentes", por exemplo:

- Sistemas especialistas;
- Sistemas baseados na lógica "fuzzy";
- Sistemas baseados em redes "neurais";
- Sistemas baseados em algoritmos genéticos.

Neste capítulo será apresentada a aplicação de sistemas especialistas para a solução de problemas de uma forma inteligente. Outras referências para IA são Braunschweig e Day (1995), Russel e Norvig (1995) e Schalkoff (1990).

2.4 - O que são Sistemas Especialistas (SE)?

Uma das técnicas de IA que mais possuem aplicações é a de sistemas especialistas, ou de sistemas baseados em conhecimentos. Diferentemente dos sistemas clássicos onde os dados de um problema são tratados seqüencialmente para se obter um resultado (Figura 2.6), no sistema especialista existe um motor de inferência que utiliza os dados disponíveis e os conhecimentos armazenados na sua base para gerar novos dados de forma interativa até se chegar à solução do problema (Figura 2.7).

Nestes sistemas, os conhecimentos necessários à solução de um determinado problema são obtidos e organizados em uma base de conhecimentos através de regras e/ou procedimentos. A obtenção desses conhecimentos ou competências, e a organização explícita dos mesmos através de regras são a parte mais difícil e consumidora de tempo no desenvolvimento de um SE [Waterman, 1986].

O motor de inferência é o coração dinâmico do SE. Este módulo contém um conjunto de algoritmos de busca para explorar a base de conhecimentos e gerar as conclusões e resultados desejados [Lavet, 1987]. Este motor de inferência é portanto um conjunto de regras de inferência ou raciocínio.

Observa-se que a estrutura do sistema especialista da figura 2.7 é bem parecida com o modelo de tomada de decisão do ser humano apresentado na figura 2.3.

Figura 2.6 - *Estrutura de um programa clássico.*

Uma parte também muito importante de um SE é a sua interface com o usuário e com outros sistemas computacionais, onde são solicitadas novas informações e obtidos novos dados.

Os sistemas especialistas tentam portanto incorporar nos programas algumas das características associadas ao pensamento e à inteligência humana, tais como raciocínio, memória, capacidade de decisão e planejamento. Eles têm sido aplicados com sucesso para organizar e disponibilizar uma grande quantidade de conhecimentos de certas áreas específicas.

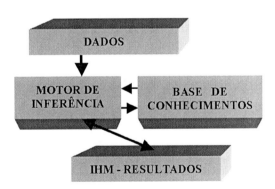

Figura 2.7 - *Estrutura de um Sistema Especialista.*

2.5 - Representação dos conhecimentos

Um dos grandes problemas no desenvolvimento de um SE é obter e organizar os conhecimentos. Os conhecimentos de um certo processo, ou problema, incluem:
- os componentes do problema;
- as conexões e interrelações entre os componentes;
- as leis da física e da química (ex.: conservação de energia) que se aplicam ao problema;
- as restrições do problema;
- as heurísticas e a experiência passada associada ao problema.

Alguns desses conhecimentos são numéricos, outros são simbólicos. Mas como representá-los nos programas de computador? O tipo de representação é importante, pois pode facilitar ou dificultar a manipulação das informações e a obtenção dos resultados.

Os conhecimentos numéricos podem ser facilmente representados através de equações. Conhecimentos dinâmicos podem ser representados através de regras do tipo: {SE – ENTÃO}. Estas regras, ou pares {Condição – Ação}, são também uma boa opção para representar conhecimentos empíricos. Entretanto, é muito difícil representar algoritmos, interações e cálculos através de regras. Também é difícil representar relações topológicas através de regras, como, por exemplo, que um equipamento 'A' está conectado ao equipamento 'B'.

Uma boa maneira de representar conhecimentos centrados em objetos é através do uso de redes semânticas. Essas redes surgiram como um modelo para a memória associativa ou declarativa dos seres humanos, e são "grafos" onde os nós são os objetos e as ligações são as relações entre os objetos. Elas permitem representar relações hierárquicas entre esses objetos. A figura 2.8 a seguir mostra um exemplo.

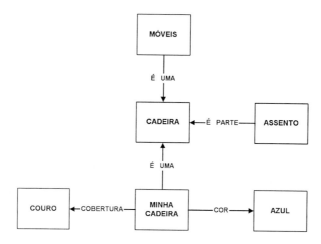

Figura 2.8 - Exemplo de uma rede semântica.

Uma outra maneira mais organizada de associar aos objetos os seus dados ou fatos, é através do uso de estruturas ou "frames". Nesse tipo de representação, cada objeto é composto de uma série de atributos, como o nome, as características etc. E cada atributo tem, em um certo instante, um determinado valor. Um objeto pode ser "filho" de um outro objeto, e herdar as suas características. A figura 2.9 a seguir mostra um exemplo de um objeto "equipamento", e dois possíveis "filhos": "forno" e "bomba". Alguns procedimentos gerais, válidos para um objeto "bomba", também seriam válidos para um objeto "filho" da mesma, denominado "bomba centrífuga", através de um mecanismo de inferência.

Para sistemas onde existe uma seqüência de eventos temporais que devem ser respeitados, os "scripts" são uma boa maneira de representar os conhecimentos. Podemos citar como exemplo o detalhamento de um procedimento de partida de uma planta industrial, ou o planejamento de ações durante uma situação de emergência.

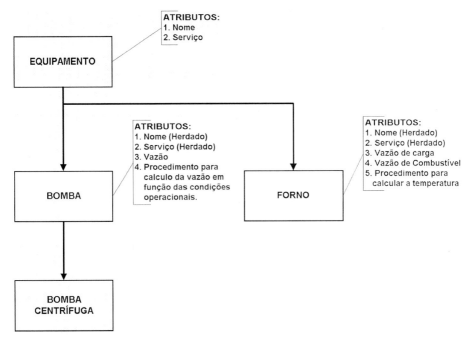

Figura 2.9 - *Exemplo de uma estrutura ou "frame".*

A técnica de programação orientada a objetos também permite organizar e estruturar conhecimentos em sistemas de computação. O objeto é uma entidade que combina os dados e fatos com propriedades procedurais. Os objetos com propriedades similiares são agrupados em "classes". A solução do problema é obtida através da comunicação entre os objetos.

As vantagens desse tipo de representação são as seguintes:

- Abstração - diferentes níveis de detalhes podem ser utilizados para modelar o problema em questão. Por exemplo, um objeto "bomba" pode ter informações comuns a todas as bombas, enquanto o objeto "bomba centrífuga" terá somente os detalhes deste tipo de bomba e herdará as informações gerais de "bomba".

- Encapsulamento - os atributos e dados de um objeto só poderão ser alterados por métodos desse próprio objeto. Dessa forma, tem-se um controle melhor de quem pode alterar os valores de um certo objeto.

- Herança - os objetos "filho" herdam as características dos objetos "pais".

- Polimorfismo - pode-se utilizar o mesmo nome de um procedimento aplicado a objetos distintos, mas cada objeto responderá da sua maneira. Pode-se solicitar o "cálculo da vazão" associado ao objeto "bomba" e ao objeto "compressor". Cada objeto possuirá um procedimento de cálculo diferente e específico.

Portanto, existem diversas maneiras de se estruturar os conhecimentos. Em um certo problema real, pode-se utilizar uma combinação das formas de representação dos conhecimentos citadas anteriormente. Neste sentido, podem-se modelar os "objetos", com seus atributos e procedimentos, e utilizá-los em regras, ou em um "script".

2.6 - Ambientes para desenvolvimento de sistemas especialistas

A arquitetura básica de um sistema especialista pode ser vista de forma simplificada na figura 2.10 a seguir. O sistema consiste basicamente de um conjunto de dados de entrada, fornecidos em tempo real ou não, um motor de inferência que usa os dados e os conhecimentos disponíveis do problema em questão para concluir novos fatos e obter a solução desejada, e uma IHM (Interface Homem-Máquina) para a entrada/saída de dados e resultados.

O sistema especialista deve permitir que os conhecimentos do problema a ser resolvido possam ser fornecidos em forma de regras e também em forma de procedimentos a serem executados quando necessário.

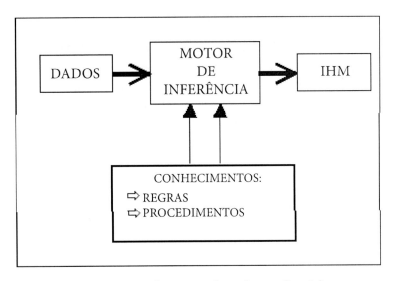

Figura 2.10 – Arquitetura de um Sistema Especialista.

A seguir serão analisados alguns sistemas disponíveis no mercado, e algumas das maneiras possíveis de se implementar um sistema especialista.

2.6.1 - Sistemas especialistas desenvolvidos com uma linguagem de programação

A primeira opção é desenvolver o sistema especialista a partir de uma linguagem de programação de uso geral como C++, PASCAL, SMALL TALK etc. Nesse caso, a comunicação do sistema para obter os dados necessários de outros sistemas computacionais, assim como a interface com o usuário, e também o motor de inferência devem ser totalmente desenvolvidos.

A vantagem desta abordagem é a liberdade de se desenvolver e implementar as diversas partes do sistema, como a interface com o usuário e o motor de inferência. Em geral, nesse caso também se obtém uma velocidade final de execução maior, em função da otimização do uso da máquina e do fato de se usar o mínimo de funções necessárias ao problema em questão. A desvantagem seria a dificuldade futura de manutenção, que dependeria da qualidade do programador, assim como da documentação a ser gerada.

Uma segunda opção seria utilizar uma linguagem de programação que já possui certos recursos para o desenvolvimento de sistemas especialistas, como o PROLOG.

2.6.2 - Sistemas especialistas utilizando "softwares" específicos para o seu desenvolvimento

Nestes sistemas não será necessário desenvolver o motor de inferência. A vantagem dessa abordagem é a velocidade com que se pode gerar uma aplicação, assim como permitir uma maior facilidade de padronização e manutenção.

A desvantagem está na necessidade de se ajustar a forma como os conhecimentos devem ser fornecidos ao programa e nas limitações da IHM, que portanto podem não ser capazes de gerar as interfaces ótimas para configuração e operação do problema em questão. Outra desvantagem está no fato de que esses programas podem ter um tempo de execução maior, já que o motor de inferência foi projetado para aplicações genéricas.

Exemplos de "softwares" ou ambientes para o desenvolvimento de sistemas especialistas:

- **BLAZE EXPERT** - Este ambiente é a evolução do antigo NEXPERT, remodelado para a WEB, e não foi desenvolvido para ser utilizado em aplicações em tempo real. [www.blazesoft.com]
- **G2** - O "G2" é um software para desenvolvimento de sistemas especialistas para apliações em tempo real. [www.gensym.com]

Mais recentemente, a crescente utilização da Internet e Intranet levaram ao desenvolvimento de SE baseadas em WEB.

O mecanismo de inferência na WEB pode ser implementado através do processo facilitado de busca através dos "hyperlinks" e da associação deste com o conhecimento expresso nas mais diversas formas, que extrapolam a rígida estrutura de explicitação por meio de regras e procedimentos. O desenvolvimento de um SE implementado na Intranet será abordado no item seguinte com maiores detalhes.

2.7 - Aplicação de sistemas especialistas para gestão do conhecimento

A consolidação e a manutenção de conhecimento, e mais especificamente, a formatação do conhecimento caracterizado pelo denominado "know-how", é uma das potenciais aplicações para sistemas especialistas.

A tentativa de manter a experiência de uma companhia em um documento "formal" não é uma prática trivial. Relatórios, memórias de cálculo e manuais são freqüentemente considerados documentos de referência para consultas futuras em projetos, serviços de manutenção e suporte técnico. Tentar extrair os pontos principais e torná-los disponíveis de forma rápida e objetiva é ainda um desafio.

O conhecimento se expressa também através de normas e procedimentos de trabalho. Todas essas informações são traduções da experiência, da vivência das organizações, e são informações que originariamente são difusas, mas que são de alguma forma compiladas, organizadas e formatadas a partir da mente de um conjunto de técnicos.

Desta introdução, pode-se chegar a algumas conclusões claras. Técnicos dedicam grande parte do seu tempo buscando dados, analisando e descobrindo relações de causa e efeito, antes de seguirem adiante quer seja tomando uma decisão, quer seja implementando estratégias de ação.

Os sistemas especialistas podem ser aplicados nessa área de potencial interesse para qualquer companhia, procurando extrair os focos principais de uma área de conhecimento, na tentativa de preencher lacunas criadas pela perda de especialistas.

A perda de especialistas interrompe o processo de melhoria originada pelo acúmulo de experiência e inibe o processo de inovação. Isto impede o amadurecimento de uma equipe e o crescimento de uma instituição.

Sistemas especialistas voltados à gestão do conhecimento podem ser implementados de diversas formas, utilizando-se ambientes próprios para a configuração da base de conhecimento. No entanto, sistemas dedicados esbarram em uma limitação estrutural: o formato da expressão do conhecimento e o universo de pessoas a serem alcançadas pelo mesmo.

Nos dias de hoje, o compartilhamento da informação, dado que o conhecimento é uma informação de alta relevância, é premissa para aplicações que visam consolidar práticas, ou técnicas, de qualquer natureza para o fortalecimento de equipes, sejam elas de engenharia, manutenção, operação etc.

Nesta visão, o conceito de aplicação baseada na "Intranet" adquire uma vantagem em relação a outros produtos desenvolvidos sobre diversas plataformas distintas de "software". Seu alcance é ilimitado dentro de qualquer companhia, e os próprios usuários do conhecimento podem ser cooptados para integrar a "rede" de conhecimento através dos chamados "foruns" na WEB.

Citando um exemplo prático, dentro de uma grande companhia de petróleo, com "Unidades Operacionais" em diversas localidades, contemplando desde plataformas marítimas a refinarias em diversos estados ou mesmo países, o alcance do conhecimento pode ser viabilizado às diversas equipes sediadas nessas localidades, sejam elas voltadas para construção e montagem, manutenção, operação ou engenharia de acompanhamento.

O desenvolvimento de sistemas de gestão do conhecimento utilizando o conceito de sistemas especialistas possui um vasto campo de exploração. No exemplo a seguir, é apresentado esse tipo de ambiente voltado ao auxílio a projetos de engenharia de automação de plantas industriais de petróleo [Saito et al., 2002].

Sistemas inteligentes em controle e automação de processos

Neste campo, o problema da gestão do conhecimento é focado nos seguintes objetivos:

- projetar equipamentos ou sistemas de alto desempenho, criando estratégias de controle, segurança e automação particulares para cada planta industrial de processo;
- inserir a experiência da companhia de projetos anteriores, considerando o histórico de problemas associados a instalações existentes;
- inserir a experiência operacional da companhia;
- dar suporte técnico, analisando e promovendo a solução de problemas sistêmicos.

As indústrias de petróleo possuem diferentes e complexas plantas industriais. Dentre elas, podemos citar aquelas voltadas para a área de produção de petróleo, refino e transferência e estocagem. Na área de refino, diversas tecnologias de processo podem ser citadas de modo produzir um derivado de petróleo segundo as especificações do mercado.

Uma vez que cada tecnologia de processo possui requisitos particulares de projeto, manutenção e operação, pode-se imaginar a quantidade de especialistas requeridos para o desenvolvimento de um trabalho de engenharia.

Soluções gerais adotadas para uma tecnologia de processo não necessariamente podem ser extrapoladas para outra. Especificações de engenharia e instalações devem ser condicionadas de acordo com as particularidades de cada planta industrial.

Dois exemplos podem ser descritos a seguir:

a) Uma planta de "Craqueamento Catalítico Fluido", que converte gasóleo e resíduo de vácuo em hidrocarbonetos de maior valor agregado, opera em condições de alta severidade utilizando catalisadores para promover as reações necessárias para garantir a caracterização da produção. Os instrumentos de monitoração de temperatura devem prever potenciais problemas com erosão devido à velocidade do catalisador em contato com os medidores. Já os instrumentos de pressão devem ser instalados de uma maneira específica de forma a evitar entupimento das tomadas de pressão com o catalisador circulante.

b) Uma planta de "Hidrotratamento", que retira os compostos de enxofre de forma a especificar a qualidade do diesel, opera em condições rigorosas com elevadas pressões. As estações de bloqueio e desvio das válvulas de controle devem ser projetadas de modo a suportarem altas quedas de pressão, permitindo que equipes de operação possam manipulá-las sem a necessidade de equipamentos especiais.

Muitos detalhes previstos em projeto podem evitar potenciais problemas para a operação e manutenção da planta. O conhecimento adequado de restrições pode levar à correta seleção e especificação de dispositivos, instalações mais adequadas e mesmo a procedimentos específicos para operação.

Um mapeamento detalhado de todas as particularidades existentes é um trabalho que visa resgatar a experiência de toda uma equipe de projetistas, técnicos de manutenção e operação da planta industrial em questão.

Isolar o conhecimento particular sobre uma planta industrial não é uma atividade trivial. Um sistema especialista deve procurar sempre capturar a essência do conhecimento, organizando-a de forma prática, retirando de sua formatação itens que não são indispensáveis à compreensão do processo de solucionamento de um problema.

Modelos do conhecimento podem ser estabelecidos conforme a natureza do "negócio". Modelos de conhecimento podem ser voltados a consolidação de práticas de projeto ou a diagnóstico de problemas.

Em ambos os casos, embora a formatação do conhecimento seja diferente, o "motor de inferência" implementado pela customização de um mecanismo de busca na WEB é o meio pelo qual o "sistema especialista" atua no processo de investigação.

A implementação de estratégias de busca da solução para um problema dependerá de quão complexo for o problema e que tipo de informação trará mais clareza no momento de apresentar a solução. Esta modelagem do conhecimento é complexa, e particular para cada problema, mas sua implementação é tornada relativamente simples através dos recursos da Intranet.

Por outro lado, a estrutura do conhecimento e o modelo de busca a ser adotado deve procurar traduzir a forma de trabalho da organização, ou seja, seus fluxos de dados e procedimentos internos de execução.

Como exemplo, o mapeamento de um problema em uma planta industrial é realizado identificando cada um dos subsistemas contidos na planta. Em cada subsistema, um conjunto de assuntos relevantes é destacado. Este destaque deverá ser tão abrangente ou específico de acordo com a caracterização do problema que se deseja investigar.

O primeiro passo é a identificação do cenário em que o problema está associado. O problema poderá estar relacionado a um assunto genérico associado a uma especialidade da área de automação industrial, ou a uma particularidade de uma tecnologia de processo (Figura 2.11).

Sistemas inteligentes em controle e automação de processos

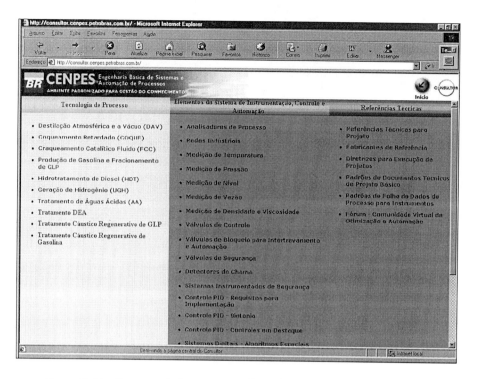

Figura 2.11 - Estrutura de busca por tecnologia de processo ou por especialidades.

Esta distinção é importante porque o problema deve ser tratado conforme as particularidades presentes em todos os problemas de engenharia. O mecanismo de busca deve representar a mente do especialista no processo de investigação do problema. Aspectos teóricos gerais podem ser segregados de aspectos particulares oriundos de práticas e experiências provenientes das instalações industriais.

Um problema de instrumentação e controle presente em uma Planta de Hidrotratamento de Diesel, cujo objetivo é reduzir o teor de enxofre no diesel de modo a enquadrar a especificação final do combustível, deve ser tratado dentro do contexto da planta de processo. Nesse caso, o especialista procura localizar-se dentro dessa planta, identificando o subsistema onde reside o problema (Figura 2.12).

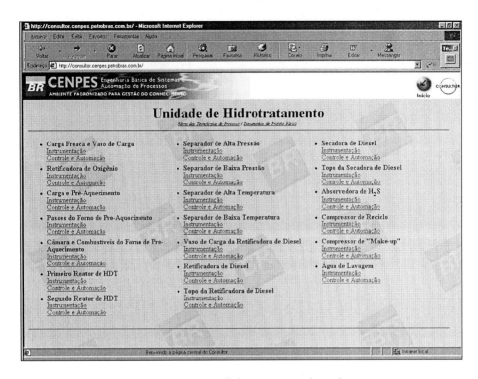

Figura 2.12 - *Estrutura de busca por tecnologia de processo e identificação do subsistema dentro dessa planta.*

Esta modelagem nada mais é do que a forma como os técnicos procuram identificar o problema dentro de uma planta industrial.

Uma planta é subdividida em sistemas e equipamentos. Por sistemas, entende-se o sistema de tubulação e instrumentação cuja função é permitir a interligação entre equipamentos estáticos (vasos, torres, reatores) e equipamentos térmicos (trocadores de calor, fornos, caldeiras) por meio de equipamentos dinâmicos (bombas e compressores).

Cada sistema ou equipamento, com suas condições operacionais como tipo de fluido, nível de pressão e temperatura, regime de escoamento e as características críticas para as instalações, são fatores que levam a soluções específicas de engenharia.

No primeiro reator de hidrotratamento (HDT), a instalação dos diversos termopares em uma mesma cota deve ser realizada através de um único bocal de modo a reduzir a quantidade de furações em um equipamento que trabalha a elevadas pressões (Figura 2.13).

28 | *Sistemas inteligentes em controle e automação de processos*

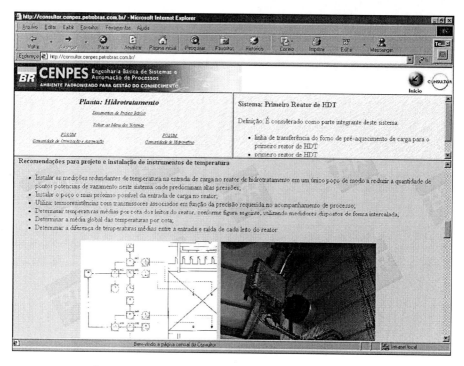

Figura 2.13 – Característica de instalação de instrumentos de temperatura no primeiro reator de HDT.

Em outro exemplo, no sistema que interliga o separador de alta pressão com o separador de baixa pressão, duas válvulas de bloqueio devem ser instaladas a montante da válvula de controle para garantir maior estanqueidade durante liberação para manutenção. Já a válvula de controle deve ser do tipo angular, própria para operação com altas quedas de pressão na válvula (Figura 2.14).

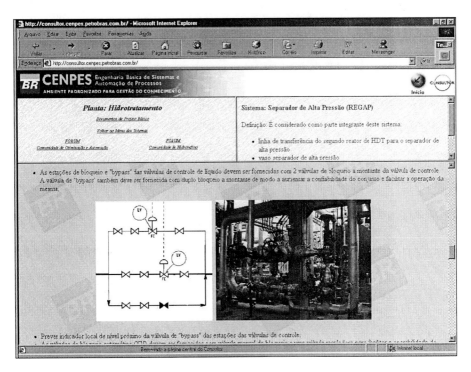

Figura 2.14 – *Característica de projeto para o sistema de escoamento entre o separador de alta e baixa pressão.*

Assuntos relacionados a critérios de projeto e práticas de engenharia são também grandes áreas de aplicação de sistemas especialistas. Mecanismos de busca podem ser estabelecidos a partir da estruturação de uma taxonomia adequada ao problema.

Assuntos relacionados a uma especialidade podem ser tratados da maneira mais adequada ao usuário que consulta o sistema. Neste caso, o conhecimento implícito é explicitado na forma de regras, tabelas, e nos casos mais complexos, textualmente (Figura 2.15).

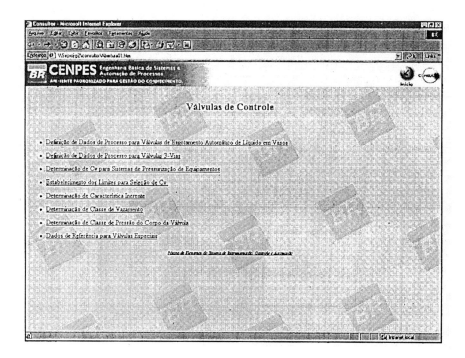

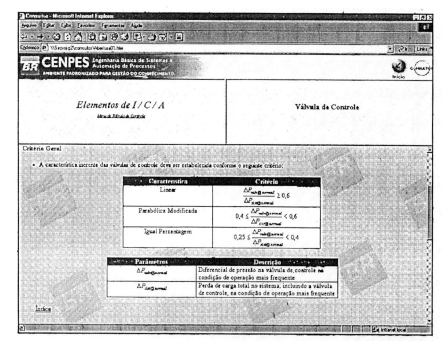

Figura 2.15 – Critérios e práticas de projeto associados à matéria "válvula de controle".

Estruturas de sistemas especialistas voltadas a contemplar todas as formas de conhecimento devem ser isentas de estruturas rigorosas de apresentação da informação. As premissas desses sistemas são a síntese da informação, utilizando para isso todos os recursos para garantir esta objetividade.

As figuras seguintes ilustram os diversos formatos de apresentação das soluções de um problema.

Tais formatos, além de recomendações textuais, podem ser compostos de:

a) Detalhes visuais de instalação

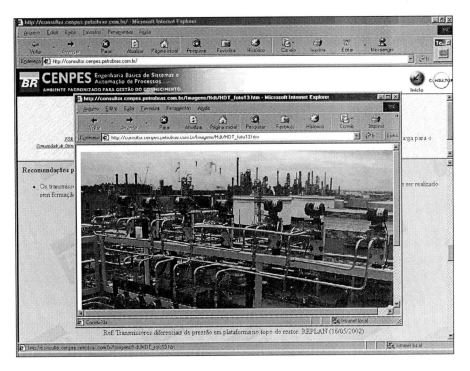

Figura 2.16 – Detalhe de instalação de um conjunto de transmissores diferenciais de pressão com respectivos "manifolds".

b) Diagramas ou fluxogramas

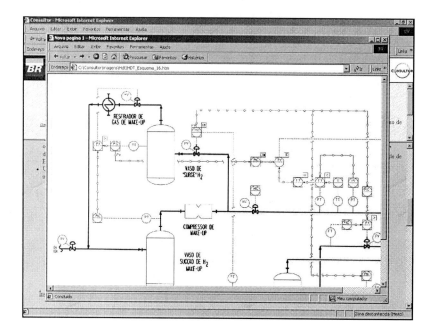

c) Especificações de construção e montagem

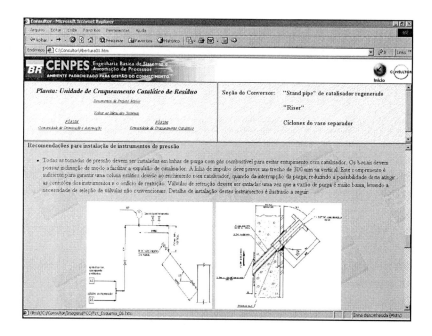

d) Equações práticas de engenharia

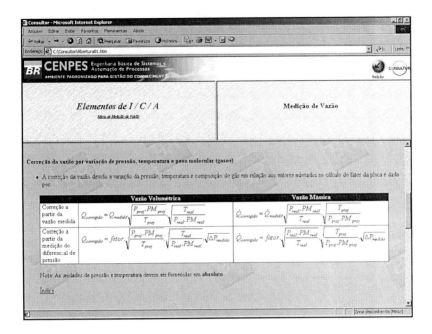

e) Procedimentos práticos de engenharia

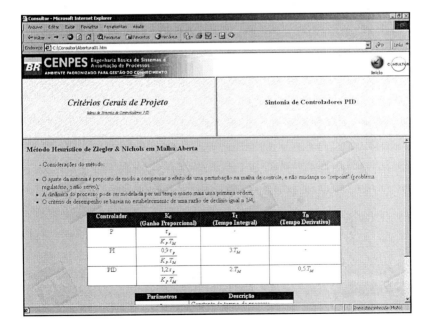

34 | *Sistemas inteligentes em controle e automação de processos*

Diferente das soluções apresentadas por um típico sistema especialista, o processo de depuração de um problema não se limita a soluções estanques. Chamadas às normas internacionais, "sites" de fornecedores e a um número cada vez maior de recursos transformam o "sistema especialista de gestão do conhecimento" em uma aplicação integrada a diversas aplicações na WEB.

Os benefícios advindos do desenvolvimento de sistemas especialistas baseados em ambientes WEB são enormes. Podem-se destacar, a consolidação da experiência da companhia, o estabelecimento de um mecanismo melhor e mais rápido para a investigação de assuntos, a integração de comunidades de especialistas criando sinergias e padrões de comunicação, treinamento, e a consolidação dos investimentos em Intranet e Internet.

2.8 - Aplicação de sistemas especialistas em plantas industriais

A colocação em operação de plantas industriais, mais comumente denominada de partida de plantas industriais, é uma tarefa difícil de ser executada, pois envolve a coordenação de diversos sistemas dentro da planta. Esta atividade também não é uma tarefa rotineira, pois a freqüência de partida pode ser de até uma a cada mês, até uma a cada ano, o que torna esta operação de grande risco, porque aumenta a possibilidade de tomada de ações indevidas.

A utilização de um sistema especialista para auxiliar os operadores nessa tarefa de partida pode ser uma boa solução, uma vez que os conhecimentos qualitativos e quantitativos estão disponíveis nas mentes dos operadores e dos engenheiros projetistas. Dessa forma, tais conhecimentos podem ser extraídos, organizados e implementados em um sistema especialista.

A seguir serão descritos dois sistemas, um aplicado para a partida de uma plataforma de petróleo, que foi implementado em 1999 [Campos, Satuf e Saito, 1999], [Campos, Satuf e Mesquita, 2000] e [Campos e Satuf, 2001], e outro para automação e otimização de plantas industriais.

2.8.1 - Sistema especialista para partida de uma plataforma de petróleo

O objetivo deste sistema especialista foi auxiliar os operadores, em tempo real, a recolocar a plataforma em operação após uma parada de emergência.

O número de sensores de segurança em uma plataforma de petróleo é muito elevado, o que faz com que a freqüência de paradas de produção seja elevada. Qualquer sensor crítico, como vazamento de gás ou nível alto em vasos acumuladores, pode levar a uma parada da produção. Após o operador identificar e resolver o problema que levou a essa parada, deseja-se recolocar a plataforma em produção o mais rápido possível, da maneira mais segura, e com o mínimo de perdas.

Descrição do processo

A planta de processo de uma plataforma de produção de petróleo tem como objetivo separar o óleo do gás e da água provenientes dos poços. Este óleo será em seguida enviado através de oleodutos para um navio ou para uma unidade de processamento de petróleo. O gás será comprimido e enviado através de gasodutos para os consumidores e a água será tratada e descartada, ou reinjetada no reservatório de petróleo.

A figura 2.17 mostra um desenho esquemático da planta de processamento de uma plataforma. Os diversos poços de produção podem ser alinhados para qualquer um dos três separadores de gás, óleo e água. Os sistemas de separação são compostos pelos seguintes equipamentos:

- Sistema de separação A - Composto por um vaso separador e por uma dessalgadora. O sistema pode receber a vazão de vários poços de produção.
- Sistema de separação B - Equivalente ao sistema A, também composto por um vaso separador e uma dessalgadora. Em geral costuma-se dividir os poços de produção em dois sistemas principais de separação.
- Sistema de separação de teste - É composto de um único vaso separador que irá receber apenas um poço de produção por vez. O objetivo deste sistema é testar o poço de produção verificando a vazão de produção de óleo e água do mesmo.

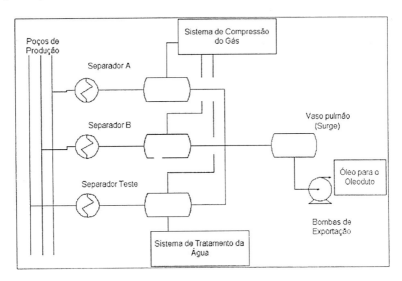

Figura 2.17 – *Diagrama simplificado da planta de processamento de óleo de uma plataforma.*

O óleo separado nos trens de separação é direcionado para um vaso pulmão e daí é bombeado para o oleoduto. A água separada é tratada e o gás é comprimido para ser exportado ou usado como "gas lift". O "gas lift" consiste em injetar gás na coluna de produção, que vai do poço até a plataforma, com o objetivo de diminuir a pressão estática no poço e com isso aumentar a vazão de produção de óleo.

O sistema especialista foi desenvolvido para a plataforma PETROBRAS-XIX (P-19), que fica situada na Bacia de Campos, a aproximadamente 100 km da costa, em lâmina d'água de 770 metros.

Figura 2.18 – Plataforma PETROBRAS XIX (P-19)

Desenvolvimento do sistema especialista

As fases de um projeto de desenvolvimento e implantação de um sistema especialista podem ser assim resumidas:
- Extração e representação dos conhecimentos;
- Projeto e desenvolvimento do sistema;
- Elaboração e teste do protótipo;
- Implementação e teste do sistema na plataforma.

Extração e representação dos conhecimentos

Esta é a fase mais crítica para o sucesso do projeto. Em primeiro lugar, deve-se criar uma equipe multidisciplinar, compreendendo operadores da plataforma, engenheiros projetistas, analistas de sistemas e profissionais da área de inteligência artificial. A participação dos usuários finais é fundamental, pois eles permitem antever as possíveis dificuldades de implantação em uma fase inicial do projeto, assim como criticar a interface de operação.

Nesta fase são realizadas diversas reuniões com os especialistas do processo e da operação de forma a se detalhar os conhecimentos, que neste caso particular consistiram nos procedimentos de partida da plataforma.

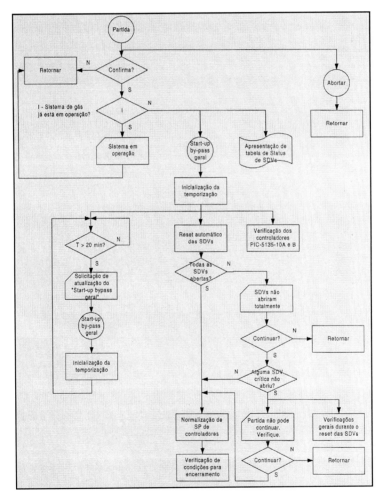

Figura 2.19 – *Fluxograma representando os conhecimentos associados à partida.*

38 | *Sistemas inteligentes em controle e automação de processos*

Inicialmente, tenta-se detalhar um procedimento ótimo do início ao fim, e posteriormente são analisados os casos especiais associados às possíveis falhas em equipamentos, instrumentos e até no próprio procedimento. Ao final, gera-se uma documentação com o procedimento ótimo de partida, que contempla com o maior grau de precisão possível todas as ações recomendadas, incluindo os casos de falhas ou anormalidades no processo.

Estes conhecimentos são representados em fluxogramas seqüenciais, que lembram um "script". Esta forma de representação é mostrada na figura 2.19, e é considerada adequada para aplicações dessa natureza devido à clareza e facilidade de assimilação pelos operadores da plataforma. Ela também se mostra interessante para a fase seguinte de implementação.

A extração dos conhecimentos é sem dúvida a parte mais delicada de um projeto de um sistema especialista. Além da dificuldade de explicitar de forma clara a razão de certos procedimentos e ações, existe uma dificuldade de conciliar e padronizar procedimentos e ações que podem em muitos casos diferir bastante de um especialista para outro. Portanto, nesta fase são discutidas as diversas possibilidades, e decide-se por aquela considerada ótima a partir dos pontos de vistas operacional e de engenharia.

Projeto e desenvolvimento do sistema

Uma vez definidos de forma clara os objetivos e escopos do sistema especialista, parte--se para o projeto e desenvolvimento do sistema. Utilizou-se, neste caso, um "software" comercial de desenvolvimento de sistemas especialistas denominado "G2", da Gensym. Este ambiente, baseado em programação orientada a objetos, requer como primeiro passo a definição e o projeto dos objetos necessários à aplicação. Estes objetos, que podem ser poços, bombas, compressores, controladores etc. tentam representar a planta de processo na plataforma. A figura 2.20 ilustra uma relação dos objetos criados para esta aplicação.

É interessante observar que objetos também podem ser criados para representar um fluxograma, com blocos de ação e de decisão. Em um bloco de ação executa-se um certo procedimento, como abrir uma válvula ou partir uma bomba. Em um bloco de decisão, pode-se alterar o procedimento em função de um evento, ou a partir de uma opção do operador. Desta maneira, os fluxogramas definidos na fase anterior de extração do conhecimento podem ser implementados no sistema facilmente. Isto facilita a documentação e a manutenção futura da aplicação.

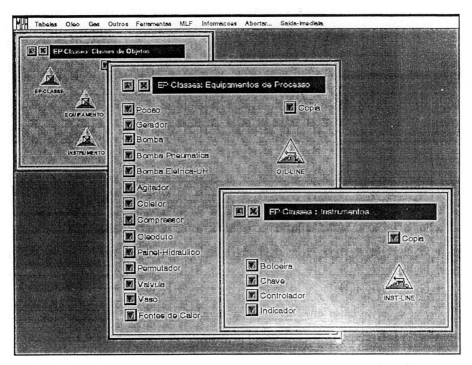

Figura 2.20 – *Modelagem e criação de objetos para a representação do problema.*

Elaboração e teste do protótipo

Uma versão simplificada do sistema, que contemplava apenas o sistema de separação de teste, foi desenvolvida como protótipo para testar a concepção do sistema, a interface com o operador e a comunicação do sistema especialista com o computador que faz a supervisão da plataforma, aquisitando os dados do processo em tempo real. Este sistema operou em 1998, meses antes do sistema definitivo, e possibilitou corrigir diversos detalhes associados à implementação, assim como proporcionou várias melhorias na interface com o operador.

Implementação e teste do sistema no campo

O sistema especialista é inserido em um computador que obtém os dados do processo através da comunicação com um sistema digital de supervisão da plataforma. A implementação do sistema pode ser subdivida nas seguintes partes:

- Caracterização dos objetos para representação da planta;
- Definição dos procedimentos operacionais;
- Desenvolvimento da interface operacional.

Caracterização dos objetos para representação da planta

Foram criados diversos objetos para representar cada componente da plataforma. Estes componentes podem ser desde sistemas complexos, equipamentos ou um simples instrumento de medição.

Atributos são em seguida estabelecidos para cada objeto. Para um objeto denominado "controlador", podem-se associar os seguintes atributos:

- Variável de processo;
- "Set-point";
- Parâmetros de sintonia;
- Sinal de saída do controlador (variável manipulada);
- Modo: manual (MAN), automático (AUT) ou cascata (CAS).

A este objeto podem ser associados métodos ou procedimentos para alterar seus atributos, como:

- Alterar o "set-point";
- Colocar o controlador em MAN, AUT ou CAS;
- Manipular a saída;
- Alterar a sintonia.

Várias regras podem ser definidas também para o objeto "controlador". Por exemplo:

- Se o modo do controlador receber um novo valor, disparar um método para avaliar o estado do controlador.

A figura 2.21 mostra no "G2" a definição da classe "controlador", assim como o método que determina o estado do mesmo, e uma regra que dispara esse método sempre que um atributo específico recebe um novo valor.

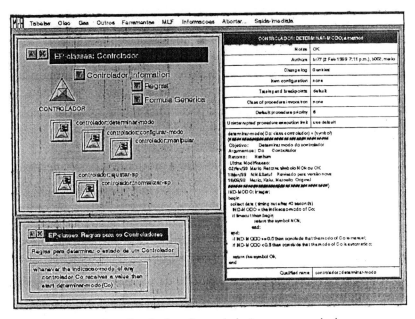

Figura 2.21 *– Detalhes da classe "controlador", com o exemplo de uma regra.*

Definição dos procedimento operacionais

Os procedimentos operacionais de partida associam os objetos criados a fatos que estão ocorrendo em tempo real, e alteram seus atributos disponibilizando informações e auxiliando os operadores na coordenação dos diversos sistemas durante a recolocação da plataforma em operação.

O sistema especialista considera o operador como a parte mais importante do sistema, pois só ele tem a capacidade de perceber situações não completamente detectadas através de instrumentos de medição. Portanto, apesar do sistema automatizar muitas etapas dos procedimentos de partida, foi estabelecido que este sempre irá solicitar a autorização do operador nas fases críticas para continuar o processo de retomada da plataforma. De forma equivalente, quando algo não esperado ocorre na plataforma, o sistema envia uma caixa de diálogo para a tela solicitando uma decisão do operador.

Um procedimento de partida de um sistema de separação de um plataforma de produção de petróleo pode ser dividido nas seguintes etapas principais:
- Verificação inicial dos sistemas auxiliares necessários a colocação do sistema de separação em operação. Neste caso, verifica-se, dentre vários sistemas, a disponibilidade de energia elétrica através da quantidade de turbo-geradores em operação, e a operação do sistema de água quente, pois o óleo deve ser aquecido em um trocador de calor com água antes de entrar no separador de óleo-água.

- Abertura de uma série de válvulas "on-off" de alinhamento. Existem cerca de 40 válvulas que devem ser abertas antes de iniciar a produção dos poços. Muitas dessas válvulas possuem um sistema de segurança que deve ser inibido de maneira a possibilitar seu alinhamento. O sistema especialista coordena essa inibição de maneira que assim que o sistema partir, o sistema de segurança ou intertravamento seja ativado.
- Abertura das válvulas de controle dos poços iniciando a produção de óleo e gás da plataforma. Para executar esta tarefa foi projetado um controlador "fuzzy" que será discutido no capítulo relativo à lógica "fuzzy".
- Partida das bombas exportadoras de óleo e dos compressores de gás quando o sistema detectar as condições necessárias para a operação destes equipamentos.

A figura 2.22 mostra um exemplo de implementação destes procedimentos no sistema. Observa-se em detalhe um dos diversos fluxos (F) utilizados para a partida da plataforma. Este fluxo é composto de vários blocos de ação e de decisão, e o estágio que se encontra o procedimento é informado pelo sistema em tempo real.

Todos os conhecimentos necessários à partida da plataforma (procedimentos) foram estruturados e implementados na forma de fluxogramas. Em um determinado momento da partida podem existir vários destes fluxogramas sendo executados em paralelo com a gerência do sistema especialista, suportado pelo "G2". O operador, através de uma tabela, pode verificar quais os fluxogramas estão ativos e quais estão desabilitados. Ele também pode abortar através do "menu" de operação a execução de um ou de todos os procedimentos, caso necessário.

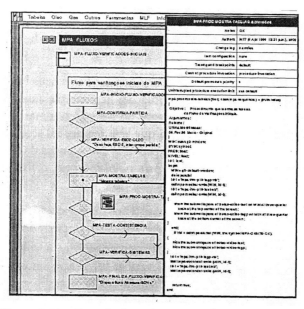

Figura 2.22 – *Exemplo de implementação de um procedimento.*

Desenvolvimento da interface operacional

O operador interage com o sistema especialista através da interface de operação, desenvolvido para possuir os seguintes componentes:

- Uma área de mensagens, onde o sistema especialista informa as ações que estão sendo executadas, assim como os alarmes e notificações. Toda informação que é enviada para esta área também é armazenada em disco, como um "log". O operador pode esconder ou mostrar esta área de mensagens, assim como reconhecer e apagar determinadas mensagens.

- Uma área de "menu" de operação, onde o operador escolhe e dispara um certo procedimento de partida, como a partida das bombas de exportação de óleo ou a partida geral da plataforma. Através do "menu" o operador também pode reconhecer o estado de alguns sistemas, de modo a identificar qual a bomba de produto químico que está alinhada e disponível para um certo sistema de separação, ou estabelecer a prioridade desejada de partida das bombas de exportação. Foram configuradas também funções onde o operador pode abortar um ou todos os procedimentos de partida. A figura 2.23 mostra o "menu" da aplicação, com suas diversas opções, e a área de mensagens. A figura 2.24 mostra um exemplo de configuração do sistema das bombas de produtos químicos.

- Várias caixas de diálogos são disponibilizadas para que o operador escolha uma opção ou tome uma decisão quando se detecta alguma anormalidade durante os procedimentos de partida. O operador pode deixar o diálogo "em espera" na tela enquanto toma as providências no campo. Após a correção do problema, ele poderá finalmente autorizar a continuação do procedimento.

- O operador pode visualizar o estado de equipamentos, como poços, sistemas de separação, bombas de exportação etc. A figura 2.25 mostra um exemplo de uma caixa de diálogo e uma tabela com o estado atual dos poços de produção.

Toda a comunicação do sistema com a planta, assim como os procedimentos de partida implementados no SE, são transparentes para o operador.

44 | *Sistemas inteligentes em controle e automação de processos*

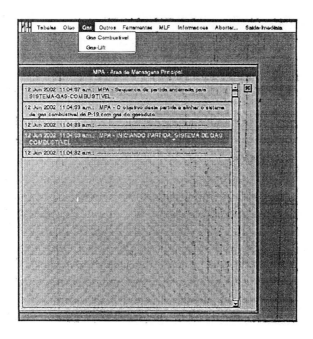

Figura 2.23 – Interface de operação mostrando o "menu" de operação e a área de mensagens.

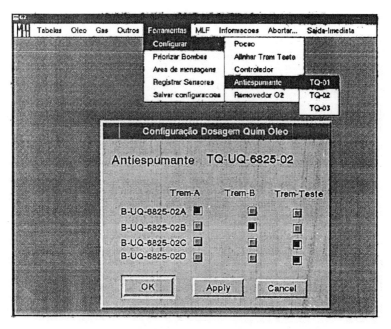

Figura 2.24 – Exemplo de configuração das bombas dosadoras.

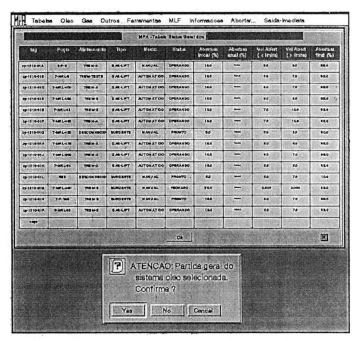

Figura 2.25 – Interface de operação mostrando um exemplo de tabela e caixa de diálogo.

Resultados do sistema inteligente

O sistema permitiu valorizar os conhecimentos disponíveis sobre a maneira mais econômica e segura de se recolocar uma plataforma de produção em operação. Desta forma, o SE auxilia os operadores nas tarefas de partida, monitorando e automatizando várias etapas.

O sistema entrou em operação em 1999, e os operadores apontaram os seguintes benefícios:

- Padronização dos procedimentos, o que minimiza erros ou esquecimentos que poderiam levar a planta a sair novamente de operação. O gerenciamento dos desvios ou inibição dos sensores de intertravamento também é uma tarefa que pode induzir a erros.
- O sistema oferece um ganho da ordem de 30% no tempo de recolocação da plataforma em produção, devido à automação do processo de abertura das cercas de 40 válvulas "on-off".

A figura 2.26 mostra o processo de desenvolvimento de um sistema especialista. Pode-se observar o processo de aquisição dos conhecimentos com a definição dos objetos que representam a planta e a estruturação dos procedimentos na forma de fluxogramas. Entretanto, todas essas informações são transparentes para o operador que atua apenas através da interface de operação (figura 2.27).

Figura 2.26 – Processo de desenvolvimento do sistema inteligente.

Conclusões

Sistemas especialistas que auxiliam e guiam os operadores durantes as situações de partida e parada de Unidades Industriais serão muito importantes no futuro.

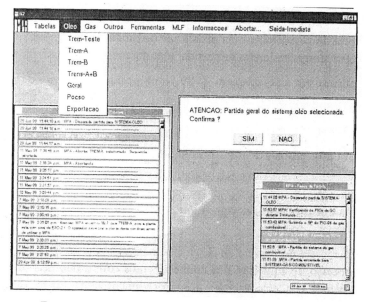

Figura 2.27 – Interface de operação do sistema inteligente.

Em primeiro lugar, eles permitem valorizar e preservar os conhecimentos adquiridos pela companhia ao longo de anos.

Em segundo lugar, com o aumento da complexidade das plantas industriais, com o aumento da pressão por segurança, qualidade e considerações ambientais, o trabalho dos operadores está se tornando cada vez mais difícil, pois ele deve manipular e processar um número muito grande de informações em intervalos de tempo cada vez mais reduzidos. Esta sobrecarga de trabalho apresenta uma série de riscos e faz com que os sistemas inteligentes, que auxiliam os operadores, monitorando, automatizando, diagnosticando e otimizando os processos operacionais, sejam cada vez mais importantes.

2.8.2 - Sistema especialista para a automação de plantas industriais

O objetivo do sistema especialista em questão é automatizar a abertura de uma válvula de bloqueio de um subsistema de uma planta industrial. Este exemplo visa a ilustrar os passos necessários ao desenvolvimento de um sistema especialista.

As válvulas de bloqueio operam em duas posições distintas: totalmente aberta ou totalmente fechada. Elas são utilizadas para interromper uma vazão e levar o processo para uma condição segura quando ocorre alguma anormalidade. Elas são utilizadas nos sistemas instrumentados de segurança da Unidade, também conhecidos como sistemas de intertravamento.

Neste exemplo, em um sistema de suprimento de gás combustível para um forno industrial, é importante monitorar a pressão de gás junto aos queimadores.

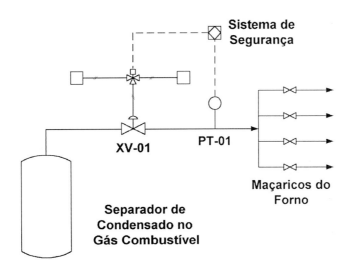

Figura 2.28 – *Esquema simplificado de suprimento de gás para queimadores.*

48 | *Sistemas inteligentes em controle e automação de processos*

Na figura 2.28, a válvula XV-01 alimenta os maçaricos do forno, e a pressão é monitorada pelo transmissor de pressão PT-01. É de conhecimento do comportamento desse sistema que se a pressão abaixar muito, existe o risco das chamas dos maçaricos se apagarem. Esta ocorrência, caso não detectada, pode levar o processo a continuar enviando gás combustível para o forno, o que pode gerar uma atmosfera explosiva na câmara de combustão.

De modo a evitar esta situação, existe uma lógica de intertravamento que fecha automaticamente a XV-01 em caso de detecção de pressão baixa. Este sistema costuma ser configurado em um sistema digital de segurança da planta, impedindo inclusive que o operador abra a válvula durante a ocorrência da condição indesejada.

Por outro lado, caso este intertravamento esteja sempre ativo, não será possível voltar a acender os maçaricos, uma vez que a válvula XV-01 estaria impedida de ser aberta em virtude da pressão nos maçaricos ser baixa quando o forno está fora de operação.

Para viabilizar o retorno da operação, é necessário inibir o intertravamento durante a partida do forno. No entanto, o risco de deixar a gerência deste procedimento totalmente sob responsabilidade do operador está na possibilidade de esquecimento da ativação do intertravamento após o acendimento dos maçaricos.

A seguir, será criado um sistema especialista para automatizar este procedimento simplificando a intervenção humana durante a partida do forno.

O primeiro passo para se gerar este sistema é identificar o procedimento operacional, tentando imaginar todas as possíveis interações com outros subsistemas da planta. Nesta fase do projeto, associada à extração e à explicitação dos conhecimentos, é muito importante reunir os diversos especialistas detentores do conhecimento do processo para se chegar a um procedimento completo. Uma boa prática está na elaboração de um primeiro esboço, seguido de um detalhamento do mesmo. Durante a fase de detalhamento, tenta-se imaginar as conseqüências de todo um conjunto de eventos anormais, como falhas em instrumentos, intervenções indevidas na unidade, como a abertura ou fechamento incorreto de uma válvula por um operador inexperiente etc.

O fluxograma da figura 2.29 ilustra o procedimento a ser adotado neste exemplo.

Neste caso, optou-se por liberar o intertravamento após um certo tempo de abertura da válvula XV-01. Este tempo foi estimado como sendo suficiente para a válvula abrir e a pressão se estabilizar na tubulação.

Uma outra opção seria verificar se a pressão de gás atingiu um valor em regime permanente, após a abertura da XV-01, e a partir deste momento ativar automaticamente o intertravamento. As duas opções são possíveis e viáveis; entretanto, para sistemas mais complexos a segunda opção pode ser mais interessante, pois não necessita da definição *a priori* de um temporizador para a ativação do intertravamento, e sim de um observação "inteligente" do comportamento do processo [Campos e Saito, 1999], [Campos, Saito e Jesus, 2000].

Para possibilitar a implementação de um procedimento de automação em um sistema especialista baseado em orientação a objetos, necessita-se definir as classes de objetos que serão manipulados na aplicação, que neste caso são a válvula de bloqueio (XV-01) e o transmissor de pressão (PT-01).

Um objeto "válvula de bloqueio" poderia ser caracterizado pelos seguintes atributos:
- Nome – identificação da válvula;
- Estado – conclusão do sistema especialista quanto a válvula estar aberta, fechada ou em falha;
- Indicação aberta – informação associada a um sensor de posição da válvula;
- Indicação fechada – informação associada a outro sensor de posição da válvula;
- Comando – saída do sistema especialista que irá comandar a abertura ou o fechamento da válvula.

Os atributos da válvula de bloqueio e do transmissor de pressão são ilustrados na figura 2.30.

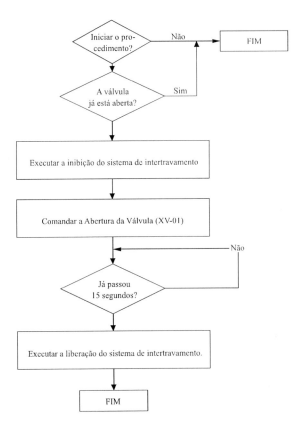

Figura 2.29 – *Exemplo de um procedimento de automação.*

Para a construção do sistema especialista, associado a estas classes, existem as chamadas "regras" e "métodos". Para a válvula, foi criada uma regra que conclui o valor do atributo "Estado" em função do valor encontrado para o atributo "Indicação aberta" e "Indicação fechada". De forma complementar, foi criado um método para comandar a abertura ou o fechamento da válvula pelo sistema especialista.

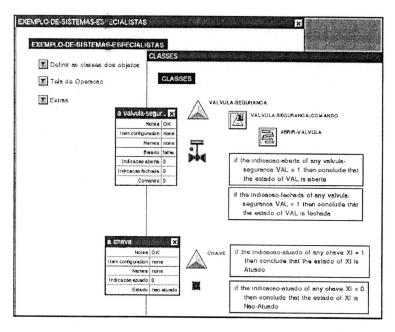

Figura 2.30 – *Definição das classes de objetos no sistema especialista.*

A implementação do procedimento de automação é mostrada na figura 2.31. Esta implementação utiliza um procedimento do software "G2" para desenvolvimento de sistemas especialistas orientado a objetos, com a sua linguagem própria de programação.

A interface de operação poderá conter os comandos de operação "Manual" ou "Automática".

No modo de operação "Manual", a decisão de inibir o intertravamento e habilitá-lo novamente seria do operador. O risco, como já comentado, seria do operador esquecer de ativar o intertravamento após a entrada em operação dos maçaricos. Neste caso, a condição de válvula de bloqueio aberta com pressão baixa não seria detectada pelo sistema de intertravamento.

No modo de operação "Automático", o operador não teria acesso à inibição do intertravamento. Sua atuação ficaria restrita a apenas um único comando denominado "Iniciar procedimento automático de partida". Neste caso, o sistema especialista inibe o intertravamento, comanda a abertura da válvula, e após uma temporização de 15 segundos, habilita o sistema de intertravamento. Assim, se a pressão não se normalizar neste intervalo de tempo o suprimento de gás combustível será bloqueado e uma nova partida será requerida.

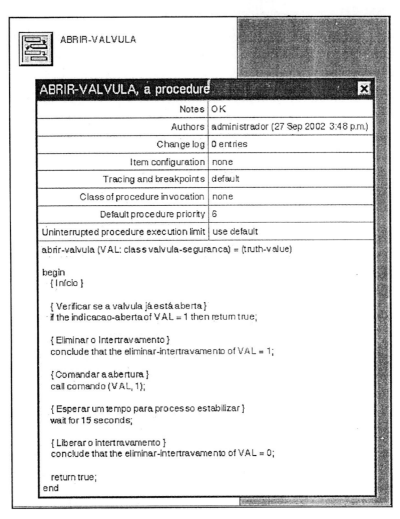

Figura 2.31 – Implementação do procedimento de automação no "G2".

Em um caso real, o sistema de partida automática poderia exigir uma "purga" do forno. Nesse caso, antes de comandar novamente a abertura da válvula de bloqueio de gás, ele iria

52 | *Sistemas inteligentes em controle e automação de processos*

aguardar um intervalo de tempo para garantir que haja uma renovação dos gases na câmara de combustão do forno, reduzindo com isso o risco de criação de uma atmosfera explosiva.

2.8.3 - Sistema especialista para a otimização de plantas industriais

Além de procedimentos de automação, que poderiam ser configurados de forma facilitada, um sistema especialista poderia ajudar os operadores de plantas industriais de maneira diferenciada.

O sistema especialista também poderia valorizar informações e boas práticas de operação, otimizando a unidade industrial.

Com o objetivo de minimizar a queima de gás na tocha de uma Unidade de Produção de Petróleo, poderia ser escrita uma regra de monitoração que sugeriria ao operador partir o sistema de compressão, assim que a produção de gás atingir uma vazão mínima operacional. Dessa forma, o gás produzido seria alinhado para o gasoduto o mais rápido possível, reduzindo as perdas para o sistema de tocha.

Esta regra simplificada poderia ser escrita da seguinte forma:

SE {A válvula de produção de óleo e gás estiver aberta} **E** {O compressor estiver parado} **E** {A vazão de gás produzida estiver maior que um valor mínimo}

ENTÃO {Solicitar ao operador partir o sistema de compressão}

Existem vários outros exemplos de regras que poderiam fazer parte de um sistema especialista com o objetivo de auxiliar nas decisões operacionais de forma a otimizar a produção da planta, minimizar as perdas ou aumentar os níveis de segurança.

Se um produto sai de especificação, uma série de ações poderiam ser tomadas para minimizar os efeitos. No caso de uma Unidade de Refino de Petróleo, a perda de especificação de um produto poderia sugerir o alinhamento deste óleo para um tanque de resíduo para reprocessamento.

Sistemas de especialistas de monitoração poderiam evoluir para um sistema de automação parcial, ou seja, poderiam automatizar certas ações do operador, sempre com a supervisão do mesmo.

Para a partida de uma caldeira, o operador poderia disparar um procedimento que verifica inicialmente uma série de condições necessárias para a partida, como o acendimento dos pilotos, alinhamento de válvulas, o nível de água nos tubulões etc. Em seguida, o sistema prepararia a caldeira para a partida, ajustando o modo e a posição de válvulas de controle críticas, e solicitando ao operador o alinhamento e o acendimento dos maçaricos. Finalmente, com a caldeira em operação, o sistema pode aumentar a carga térmica do equipamento seguindo uma curva de aquecimento sugerida pelo fabricante da mesma, e pode em paralelo verificar se a temperatura do vapor já atingiu um valor crítico e automatizar a ativação do controlador PID de temperatura do dessuperaquecedor.

Sistemas especialistas também poderiam ser utilizados para implementar otimizadores de Unidades Industriais.

O primeiro passo seria obter os dados dos sistemas de supervisão das plantas. Em seguida, estes dados seriam tratados e validados através da obtenção de valores médios dentro de intervalos de tempo predeterminados, e da verificação quanto ao enquadramento dentro das faixas esperadas. Em alguns casos, estes dados poderão reconciliar os parâmetros dos modelos matemáticos do processo.

O próximo passo seria utilizar um método de otimização associado a um modelo matemático da planta, de maneira a obter um ponto ótimo de operação segundo um certo critério econômico.

Esta arquitetura não difere dos otimizadores clássicos em tempo real, também conhecidos como aplicações de RTO – "Real Time Optimization".

As vantagens de se utilizar um sistema especialista para implementar este otimizador são as seguintes:

- Os modelos matemáticos da planta não costumam incluir todas as variáveis do processo. Assim, o sistema especialista poderia otimizar algumas grandezas segundo as boas práticas e outras heurísticas baseadas na experiência.

- O sistema especialista poderia possuir regras para definir, em tempo real, novas restrições para o otimizador em função de mudanças nas eficiências dos equipamentos. Por exemplo, se a pressão do vapor da turbina abaixar, a potência máxima do compressor também será menor.

- O sistema especialista poderia realizar a interface com os controladores avançados, incluindo outras heurísticas para melhorar seu desempenho, como o chaveamento de modelos ou a mudança em parâmetros de sintonia.

A figura 2.32 ilustra um exemplo de arquitetura de um otimizador.

Tais soluções têm cada vez mais fomentado pesquisas e desenvolvimentos de aplicações aos técnicos de automação e otimização em conjunto com as equipes de acompanhamento e avaliação de plantas industriais, em prol de uma maior eficiência e segurança operacionais.

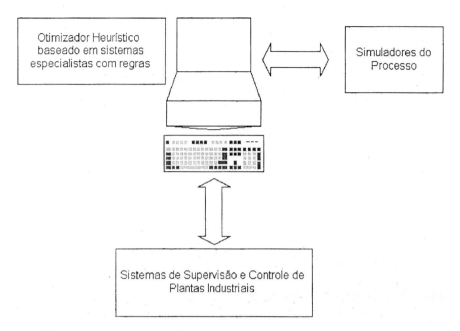

Figura 2.32 – Arquitetura de um otimizador baseado em sistemas especialistas.

2.8.4 - Sistema especialista para monitoramento e diagnóstico de plantas industriais

Funções de diagnóstico poderiam ser implementadas, em sistemas especialistas, como a verificação das condições operacionais de equipamentos a partir de seus respectivos valores operacionais esperados, alarmando em casos irregulares para conhecimento do operador.

Uma segunda alternativa está na implementação dos modelos dos vários equipamentos da planta, capazes de gerar um diagnóstico de seu desempenho para fins de manutenção preditiva. Como exemplos, podem-se citar o cálculo da eficiência de um compressor em função da rotação e das condições de sucção e descarga, e o cálculo da eficiência e do nível de incrustação de trocadores de calor em função da temperatura e pressão dos fluidos a montante e jusante.

Será descrito a seguir um sistema especialista desenvolvido para monitoração e controle de corrosão em Unidades Industriais. Este sistema foi desenvolvido em parceria com o CENPES – Centro de Pesquisa da PETROBRAS, TECPAR – Instituto de Tecnologia do Paraná e a empresa METALDATA, a partir de 1999. Existem atualmente duas aplicações do sistema: uma para o controle de corrosão de Unidades de Tratamento de Gases e outra para Unidades de Craqueamento Catalítico. Estes sistemas estão em operação na refinaria Landulfo Alves (RLAM – Bahia) [Correa et al., 2000].

Capítulo 2 – Inteligência Artificial e Sistemas Especialistas | **55**

O controle da corrosão é importante para reduzir os custos de manutenção, aumentar o tempo de operação dos equipamentos e evitar acidentes devido a vazamentos. A técnica de sistemas especialistas permite que os conhecimentos dos especialistas de corrosão estejam disponíveis durante 24 horas para auxiliar os operadores das Unidades propondo ações que minimizem as taxas de corrosão, garantindo a integridade e a segurança das instalações.

A seguir será descrito de forma simplificada o controle de corrosão de Unidades de Craqueamento Catalítico (UFCC). O sistema busca dados do processo, como temperaturas e indicações dos sensores de corrosão (célula de hidrogênio, resistência elétrica etc.), do sistema de supervisão da planta, conhecido como SDCD – Sistema Digital de Controle Distribuído. Ele também se comunica com a base de dados do laboratório da refinaria, a partir de onde são adquiridas informações como teor de nitrogênio, de cianetos e de sal.

Esses dados são processados pela base de conhecimentos do sistema especialista e geram os diagnósticos, recomendações e alarmes. Esta base de conhecimentos foi desenvolvida no CENPES – PETROBRAS e no trabalho [Batista, 2002], e contempla regras do tipo:

Se {Valor do Sensor de corrosão > Limite} e {Unidade em operação} e {Vazão de água de lavagem < Mínimo }

Então {Corrosão elevada na região 01 da Unidade}

A base de conhecimento do sistema contempla mais de 200 regras que analisam todas as medições, provenientes dos sensores da planta ou do laboratório. Esta base de conhecimentos foi desenvolvida utilizando a ferramenta "RuleSketcher" do TECPAR [Silveira, 1998], [Ramos, 2000]. Esta ferramenta permite também determinar se existem contradições entre as regras na base de conhecimentos.

O motor de inferência utilizado nestes sistemas também foi desenvolvido no TECPAR, e tenta, a cada ciclo de execução, provar as hipóteses ou conclusões da base de conhecimento a partir das novas medições dos sensores de corrosão e das variáveis de operação da planta.

A figura 2.33 mostra uma tela gráfica geral de operação do sistema de controle de corrosão da Unidade. As medições importantes para a corrosão são mostradas utilizando o seguinte código de cores:

- Vermelho – alarmes; situação fora de controle; necessita ação do operador;
- Amarelo – alerta;
- Verde – sistema dentro das condições desejadas de operação;
- Cinza – problemas de medição.

56 | *Sistemas inteligentes em controle e automação de processos*

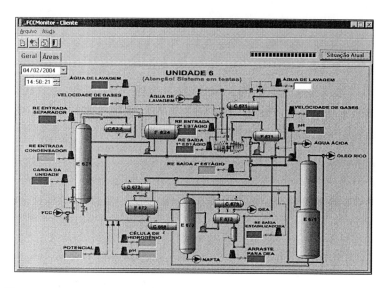

Figura 2.33 – Sistema especialista para controle da corrosão em unidade de FCC.

A figura 2.34 mostra uma tela gráfica específica para o controle de corrosão do sistema de compressão da Unidade. As informações também utilizam o código de cores descrito anteriormente.

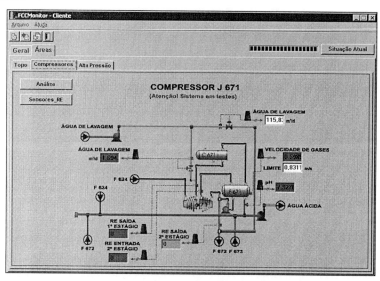

Figura 2.34 – Detalhe do sistema para a área de compressão da Unidade.

Ao pressionar o botão "Análise", o operador tem acesso à tela mostrada na figura 2.35, com os resultados do sistema especialista. Alguns destes resultados podem ser:

- Diagnósticos:
  Sensor R1 com problemas, ou
  Topo da torre com corrosão acentuada;
- Recomendações:
  Reduza a temperatura do vapor para o refervedor, ou
  Execute um procedimento X;
- Alarmes:
  Taxa de corrosão muito alta, ou
  Temperatura muito alta.

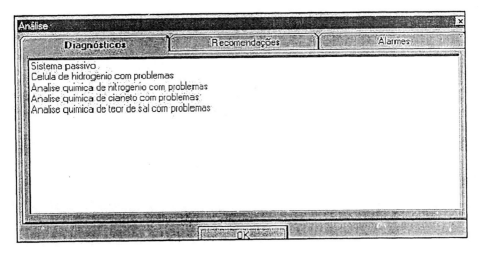

Figura 2.35 – *Resultados do sistema: diagnóstico, recomendações e alarmes.*

Estes resultados são equivalentes aos fornecidos por um especialista que estivesse todo o tempo analisando os dados da planta e ajudando os operadores a minimizar ou evitar uma corrosão acentuada nos equipamentos.

2.10 – Referências bibliográficas

[1] Barr, A. E Feigenbaum, E.A., 1981, " The Handbook of Artificial Intelligence", Vol. 1, Willian Kaufmann.

[2] Batista, W., 2002, "Desenvolvimento de Sistema Especialista para Monitoração e Controle de Corrosão em Refinaria", Tese de Doutorado, COPPE/UFRJ, Rio de Janeiro.

[3] Braunschweig e Day, 1995, "Artificial Intelligence in the Petroleum Industry", Ed. Technip.

[4] Campos, M., e Saito, K., 1999, " Intelligent Interlock System for FCC Units Startup ", ISA TECH/1999 Conference, Instrument Society of America ISA, Philadelphia, USA

[5] Campos, Satuf e Saito, 1999, " Intelligent System for Startup of a Petroleum Offshore Platform ". ISA TECH/1999 Conference, da Instrument Society of America, Philadelphia, USA.

[6] Campos, Satuf e Mesquita, 2000, " Startup Automation of a Petroleum Offshore Platform ". SPE 2000, Annual Technical Conference and Exhibition, da Society of Petroleum Engineers, Dallas, USA.

[7] Campos, Saito e Jesus, 2000, " Sistemas Inteligentes para a Nova Unidade de Craqueamento Catalítico Fluido da RLAM (U-39) ", 4° Encuentro Sudamericano de Craqueo Catalítico 08 / 2000, 15 a 17 de agosto de 2000, Manaus, Brasil.

[8] Campos e Satuf, 2001, " Intelligent system for start-up of a petroleum offshore platform ", ISA Transactions, 40, 283-293.

[9] Correa, L.A., Baptista, W., Silveira, L., Vigo, J., Gomes, J.P., 2000, "Expert System Application to Gás Treatment Corrosion Control", CORROSION 2000 - International Conference and Corrosion Show NACE, Orlando, USA.

[10] Lavet, P., 1987, "Systemes Experts en Turbo-Pascal", Ed. Eyrolles, França.

[11] Levy e Servan-Schreiber, 1997, "Les secrets de l'intelligence", Hypermind&Ubi Soft.

[12] Morin, E., 1999, " O Método : O Conhecimento do Conhecimento ", Porto Alegre, Sulina.

[13] Pinker, S., 1999, "Como a Mente Funciona", Companhia das Letras, 2. Edição.

[14] Ramos, M.P, 2000, "Structuration et évolution conceptuelles d'un agent assistant personnel dans les domaines techniques", Thèse de Doctorat, Université de Technologie de Compiègne, France.

[15] Rich, E. e Knight, K., 1994, "Inteligência Artificial", Ed. McGraw-Hill Ltda., Brasil.

[16] Russell e Norvig, 1995, "Artificial Intelligence: A modern approach", Prentice Hall.

[17] Saito, K., Campos, M. e Lopes, M., 2002, "Intelligent System for Knowledge Management in Petroleum Industries", 17th World Petroleum Congress - Rio de Janeiro 02-05/Sep.

[18] Schalkoff, R.J., 1990, "Artificial Intelligence: An engineering approach", McGraw--Hill, Singapore.

[19] Silveira, 1998, "Uma proposta de gerador de sistemas especialistas orientados as aplicações industriais", Dissertação de Mestrado, Centro Federal de Educação Tecnológica do Paraná, Curitiba.

[20] Waterman, D.,A., 1986, " A Guide to Expert Systems ", Addison-Wesley Publishing Company.

Capítulo 3

Sistemas Inteligentes Baseados na Lógica "Fuzzy"

Parte 3.1

Introdução à Lógica "Fuzzy"

3.1 - Sistemas baseados na lógica "fuzzy"

A teoria de subconjuntos "fuzzy" nasceu da constatação de que quando a complexidade de um sistema aumenta, nossa habilidade para concluir fatos e tomar decisões que sejam ao mesmo tempo precisos e significativos, tende a diminuir até um limite a partir do qual precisão e relevância passam a ser características quase excludentes [Zadeh, 1973].

Desta forma, esta teoria de subconjuntos "fuzzy" teve como objetivo criar um sistema que permitisse representar conhecimentos complexos, incertos, contraditórios e incompletos de uma maneira matemática e lógica [Bouchon-Meunier, 1995]. Os sistemas "fuzzy" aliam a flexibilidade do tipo de representação simbólica dos conhecimentos, normais nos sistemas especialistas convencionais, com o poder dos cálculos numéricos das técnicas que se inspiraram nos sistemas biológicos (redes de neurônios) [Cox, 1997].

3.2 - Introdução à lógica "fuzzy"

Os modelos matemáticos de um processo real e complexo serão sempre uma simples representação da realidade [Harris et al., 1993]. Os conhecimentos que nós dispomos de um sistema qualquer serão sempre incompletos e com diversas fontes de incertezas. As origens destas imperfeições são principalmente devidas a duas razões.

A primeira decorre da maneira como estes conhecimentos são obtidos do mundo real. Esta etapa envolve observações através de instrumentos ou do próprio ser humano. Desta forma, estas observações estarão sempre sujeitas a erros e incertezas.

A outra origem das imperfeições decorre da maneira como estes conhecimentos do sistema real são representados em um modelo através da própria linguagem natural, de uma lógica formal ou de uma formulação matemática qualquer. Este modelo sempre será incompleto em função das simplificações necessárias à realização do mesmo.

Portanto, a observação, a aquisição e a representação dos conhecimentos irão conduzir inevitavelmente a uma perda de informações em relação ao sistema real, que será tanto maior quanto mais complexo for este sistema.

Os modelos baseados na lógica "fuzzy" também são uma simplificação do processo real. Entretanto, no caso da teoria de controle de processos estes sistemas "fuzzy" permitiram mudar o paradigma clássico desta teoria. Isto é, ao invés de se procurar obter um modelo para o processo e a partir dele projetar um controlador com um desempenho razoável, os sistemas "fuzzy" tentam modelar diretamente como o ser humano controla este processo.

Estes sistemas "fuzzy" para controle de processos nasceram da observação de que o operador humano é capaz de controlar sistemas complexos, de uma maneira satisfatória e respeitando objetivos muitas vezes contraditórios, com apenas uma imagem mental do processo. Esta imagem é um modelo qualitativo, experimental e adaptativo do sistema que ele cria, de forma a gerar as ações de controle adequadas a uma situação particular de operação.

Portanto, a teoria dos subconjuntos "fuzzy" [Zadeh, 1965] permitiu representar estes conhecimentos sobre a operação dos processos, que são muitas vezes complexos, evolutivos, incertos e contraditórios de uma maneira sistemática e lógica em um sistema de controle.

O controle "fuzzy" tenta "imitar" o operador humano se baseando em uma representação descritiva e experimental do processo. Desta forma, ele tenta produzir as ações de controle desejadas baseando-se em modelos da operação do sistema, ao invés de utilizar modelos do próprio processo como em outras técnicas clássicas de controle.

Apesar do nome "fuzzy" (difuso, nebuloso), esta teoria se apóia em um conjunto de axiomas e regras precisas e rigorosas, que permitem um encadeamento ou um raciocínio lógico de proposições. O adjetivo "fuzzy" decorre da aptidão desta teoria a exprimir e a representar noções do cotidiano que são muitas vezes incertas, "nebulosas" e subjetivas.

O objetivo deste capítulo é fornecer, de uma maneira simplificada, uma introdução aos principais conceitos da teoria dos subconjuntos "fuzzy", que permitam o desenvolvimento de um sistema de controle "fuzzy". Em seguida serão analisados casos de aplicação destes controladores na prática.

3.2.1 - Subconjuntos "fuzzy"

Na natureza, muitos sistemas não podem ser caracterizados de uma maneira absoluta, do tipo verdadeiro ou falso, advindos da lógica clássica. Nuanças lingüísticas e subjetivas intervêm naturalmente na maioria dos raciocínios humanos. Por exemplo, a partir de qual temperatura consideramos que faz mais calor do que frio? Em função do caráter binário imposto pela álgebra booleana, esta lógica se mostra inadequada para modelar estes tipos de detalhes.

O conceito de subconjunto "fuzzy" foi introduzido de forma a evitar passagens bruscas entre duas classes, e a permitir que os elementos não pertençam completamente nem a uma, nem a outra classe, ou melhor, que os elementos possam pertencer parcialmente a cada uma delas. A definição de subconjunto "fuzzy" responde a necessidade de representar conhecimentos imprecisos, seja porque eles são exprimidos em linguagem natural por um observador humano que não é capaz de fornecer maiores precisões, seja porque eles são obtidos com instrumentos que possuem erros de medição.

Subconjunto clássico

Um subconjunto clássico "A" de "X" é definido por uma função característica "χ", que assume o valor 0 para os elementos de "X" que não pertencem a "A", e 1 para aqueles que pertencem a "A":

$\chi_A: X \to \{0, 1\}$ onde $\chi_A = \{0 \text{ se } x \notin A, \text{ e } 1 \text{ se } x \in A\}$

Subconjunto "fuzzy"

Um subconjunto "fuzzy" "A" de "X" é definido por uma função característica "μ", chamada de função de pertinência, que associa a cada elemento de "X" um grau $\mu_A(x)$ compreendido entre 0 e 1, com o qual x pertence a "A":

$\mu_A: X \to [0, 1]$

A figura 3.1 mostra um exemplo de funções de pertinência caracterizando números próximos de zero (subconjunto "A_1") e números próximos de cinco (subconjunto "A_2"). Observa-se que quanto mais próximo de zero for um número, mais próximo de 1 será o valor de saída da função de pertinência "A_1" para este número.

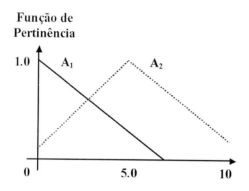

Figura 3.1 - Funções de pertinência.

Os subconjuntos "fuzzy" mais utilizados são aqueles que possuem uma função de pertinência regular, isto é, sem mudanças bruscas, que mostram claramente a passagem progressiva da não-satisfação para a satisfação da propriedade à qual eles estão associados. O triângulo e o trapézio representam bem estes tipos de subconjuntos.

Em geral, todas as variáveis de um processo assumem um valor único do seu universo de referência "X" em uma dada situação. Entretanto, as condições de observação não permitem sempre conhecer perfeitamente este valor único. Uma variável lingüística "fuzzy", que é uma outra definição muito importante da teoria de subconjuntos "fuzzy", permite modelar os conhecimentos imprecisos e vagos sobre esta medição cujo valor preciso pode ser desconhecido.

Uma variável lingüística é definida como um tripé (V, X, T$_V$), onde "V" é uma variável definida sobre um conjunto de referência "X". O conjunto T$_V$ = {A$_1$, A$_2$, ...}, finito ou infinito, contém os subconjuntos "fuzzy" normalizados de "X" que servem para caracterizar "V". Foi utilizada a mesma notação (A$_i$) para representar os subconjuntos "fuzzy" associados aos seus respectivos valores lingüísticos ("pequeno", "rápido" etc.).

Por exemplo, dentro do intervalo [0 , 200], pode-se definir uma variável lingüística "temperatura". Esta variável terá três valores lingüísticos: "baixa", "média" e "alta". Estes valores podem ser caracterizados como subconjuntos "fuzzy" cujas funções de pertinência são representadas na figura 3.2. Desta forma, a variável lingüística "Temperatura" é representada por: T$_{\text{"Temperatura"}}$ = {baixa, média e alta}. Para uma temperatura menor do que 40 C ela será considerada "baixa" com valor de pertinência igual a 1.0, e "média" com pertinência igual a 0.0. Assim, qualquer temperatura medida será sempre associada aos valores lingüísticos da variável com um valor de pertinência entre zero (0.0) e um (1.0).

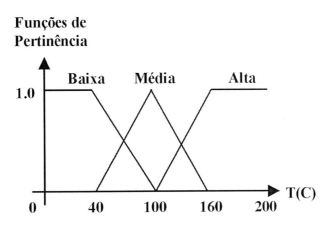

Figura 3.2 - *Funções de pertinência da variável lingüística "temperatura".*

3.2.2 - Operações entre subconjuntos "fuzzy"

A interseção entre dois subconjuntos "fuzzy" "A" e "B" de "X" pode ser definida como um subconjunto "fuzzy" "C", representado por A ∩ B, tal que:

$(\forall x \in X) \Rightarrow \mu_{A \cap B}(x) = \min(\mu_A(x), \mu_B(x))$

O operador "min" da equação acima é o mais utilizado para definir a interseção de dois subconjuntos "fuzzy", entretanto existem outros operadores possíveis de serem definidos, como o produto (u*v), o máximo entre [(u+v-1) e zero] etc. [Harris et al., 1993]. A função de pertinência do subconjunto fuzzy A ∩ B utilizando o operador "mínimo" é mostrado na figura 3.3 a seguir.

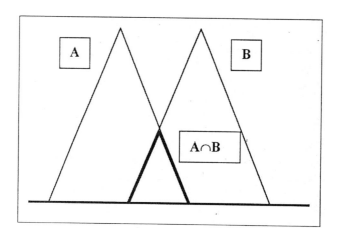

Figura 3.3 - *Função de pertinência de A ∩ B.*

A união entre dois subconjuntos "fuzzy" "A" e "B" de "X" pode ser definida como um subconjunto "fuzzy" "C", representado por A ∪ B, tal que:

$$(\forall x \in X) \Rightarrow \mu_{A \cup B}(x) = \max(\mu_A(x), \mu_B(x))$$

O operador "max" da equação acima é o mais utilizado para definir a união de dois subconjuntos "fuzzy", entretanto existem outros operadores possíveis de serem definidos, como a expressão (u+v-u*v), o mínimo entre [(u+v) e o valor 1] etc. [Harris et al., 1993]. A função de pertinência do subconjunto "fuzzy" A ∪ B utilizando o operador "máximo" é mostrado na figura 3.4 a seguir.

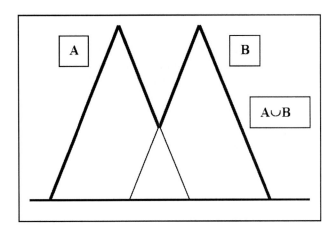

Figura 3.4 - *Função de pertinência de A ∪ B.*

O complemento de um subconjunto "fuzzy" "A" pode ser definido como um subconjunto "fuzzy" "A^C" de "X", cuja função de pertinência é a seguinte:

$$(\forall x \in X) \Rightarrow \mu_{A^C}(x) = 1 - \mu_A(x)$$

Pelos exemplos mostrados acima, pode-se observar que a lógica "fuzzy" não respeita certas regras da lógica clássica, como por exemplo:

$A \cap A^C = \emptyset$ ou $A \cup A^C = U$

3.2.3 - Raciocínio em lógica "fuzzy"

Enquanto a lógica clássica permite modelos de inferência rigorosos, como o "modus ponens" e "modus tollens", isto é, $(P \rightarrow Q) \leftrightarrow (\sim P \vee Q)$, a lógica "fuzzy" permite um tratamento mais flexível dos conhecimentos.

Na presença de uma regra da forma "SE {V é A} ENTÃO {W é B}", e de uma observação que "V" está próximo de "A" {V é A'}, a conclusão pode ser obtida utilizando-se o "modus ponens generalizado", que irá concluir que "W" também deve estar próximo de "B" {W é B'}.

Por exemplo, se a função de pertinência do subconjunto "A" para o valor atual de entrada "x" for A(x)=0.7, então deve-se esperar pela regra acima que a saída "y" também deva ter uma função de pertinência em "B" igual à de "x" em "A", isto é:

$\mu_B(y) = \mu_A(x) = 0.7$.

70 | *Sistemas inteligentes em controle e automação de processos*

Na presença de uma outra regra da forma "SE {V é A} E {Z é C} ENTÃO {W é B}", e de uma observação que "V" está próximo de "A" {V é A'}e "Z" está próximo de "C" {Z é C'}, a conclusão também pode ser obtida utilizando-se o "modus ponens generalizado", que irá concluir que "W" também deve estar próximo de "B" {W é B'}.

Por exemplo, se a função de pertinência do subconjunto "A" para o valor atual de entrada "x" for $\mu_A(x)=0.7$, e a função de pertinência de "C" para o valor atual de entrada "z" for $\mu_C(z)=0.3$, então pode-se esperar pela regra acima que a saída "y" também deve ter um valor na função de pertinência de "B" próxima dos valores dos antecedentes, como por exemplo igual a:

$$\mu_B(y) = \min \{ \mu_A(x), \mu_C(z)\} = \min \{0.7, 0.3\} = 0.3$$

De uma forma matemática, o "modus ponens generalizado" pode ser representado pela equação:

$$(\forall y \in Y) \Rightarrow \mu_B(y) = \sup_{x \in X} (\min(\mu_A(x), \mu_B(x, y))$$

Onde o operador "min" é utilizado normalmente para implementar a inferência e realizar o raciocínio em lógica "fuzzy". Maiores detalhes podem ser encontrados nos trabalhos de [Zimmermann, 1991], [Harris et al., 1993], [Bouchon-Meunier, 1995] e [Nascimento e Yoneyama, 2000].

Na lógica clássica uma proposição só pode ser verdadeira ou falsa. Se ela for verdadeira ($\chi_A = 1$), então a sua negação é falsa ($\chi_{A^C} = 0$). Por exemplo, se a proposição "O homem é mortal" é verdadeira, então "O homem não é mortal" é falsa. Entretanto, esta lógica leva muitas vezes a paradoxos do tipo: "Todas as pessoas mentem". Se a proposição anterior for verdadeira, então quem a afirmou também mente, logo "Todas as pessoas falam a verdade" e chega-se a uma contradição.

Na lógica "fuzzy" admite-se a "meia verdade", isto é, $\mu_A = \mu_{A^C}$ é realizável. Como $\mu_A = 1-\mu_{A^C}$, a solução seria $\mu_A = \mu_{A^C}=0.5$. Isto é, ambas as proposições P(A) e P(A^C) teriam uma "possibilidade" igual a 0.5 de estarem corretas, e não existe contradição.

3.3 - Referências bibliográficas

[1]   Bouchon-Meunier, B., 1995, " La Logique Floue et ses Applications ", Ed. Addison--Wesley, France.

[2]   Cox, E.D., 1997, " La Loguique Floue - Pour les affaires et l'industrie ", International Thomson Publishing, France, Paris.

[3]   Harris, C.J., Moore, C.G. et Brown, M., 1993, " Intelligent Control - Aspects of Fuzzy Logic and Neural Nets ", World Scientific Publishing.

[4]   Nascimento, C.L. e Yoneyama, T., 2000, " Inteligência Artificial em Controle e Automação ", Ed. Edgard Blücher Ltda.

[5] Zadeh, L.A., 1965, " Fuzzy Sets " , Information and Control, vol 8, 338-353.

[6] Zadeh, L.A., 1973, " Outtline of a New Approach to the Analysis of Complex Systems and Decision Process ", IEEE Trans. Systems, Man and Cybernetics, 3, 28-44.

[7] Zimmermann, H.J., 1991, " Fuzzy set theory and its applications ", Kluwer Academic Publishers.

Parte 3.2

Controle "Fuzzy" de Processos

3.4 - Controle de processo baseado na lógica "Fuzzy"

Como foi dito anteriormente, o controlador baseado na lógica "fuzzy" não necessita de um modelo analítico completo do processo. Ele calcula as suas ações em função de uma base de conhecimento heurística de como se deve controlar este processo, que por sua vez pode ser complexo, mal conhecido (modelos imprecisos) e incerto [Berenji, 1993].

Este controle "fuzzy" é na realidade uma função não-linear entre as variáveis de entrada e de saída, que reflete os conhecimentos que os operadores e/ou engenheiros possuem da operação deste processo. Portanto, esta tecnologia pode tirar proveito e valorizar a experiência de uma companhia na operação de um determinado processo, automatizando estas informações.

Um sistema especialista clássico tem necessidade de uma regra para cada situação. Entretanto, um sistema baseado na lógica "fuzzy" permite generalizar e inferir dentro do universo de referência de cada variável controlada. O controle "fuzzy" pode desta forma considerar vários critérios de desempenho simultaneamente, que podem ser escritos de uma forma matemática ou mesmo lingüística.

Os objetivos de um controlador "fuzzy" podem ser os seguintes:
- Controlar e operar automaticamente processos complexos, não-lineares e multivariáveis, com desempenho pelo menos equivalente ao dos operadores;
- Respeitar as especificações e restrições operacionais;
- Ser simples, robusto e operar em tempo real.

3.4.1 - Estrutura do controlador baseado na lógica "fuzzy"

Uma arquitetura geral para um controlador baseado na lógica "fuzzy" é mostrada na figura 3.5. Os principais elementos são a codificação, a base de conhecimentos, o módulo de raciocínio "fuzzy" e a decodificação.

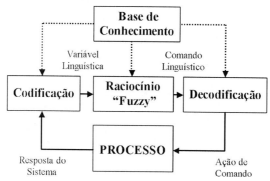

Figura 3.5 - *Arquitetura geral de um controlador "fuzzy".*

3.4.1.1 - Codificação do controlador "fuzzy"

O primeiro passo para a elaboração de um controle "fuzzy" é definir as variáveis controladas e manipuladas do sistema. Em seguida, para cada variável deve-se definir o seu universo de referência e o número de valores lingüísticos necessários. Por exemplo, para uma determinada aplicação, a variável lingüística "temperatura" poderá assumir três valores lingüísticos {baixa, média e alta}; entretanto, em uma outra aplicação ela poderá necessitar de mais dois valores {muito baixa e muito alta}. Cada valor lingüístico deve ser definido pela sua função de pertinência (figura 3.2).

A seleção do número de valores lingüísticos é uma etapa importante no projeto do controlador. Um número muito grande de valores lingüísticos sobrecarrega o sistema, pois implica em um número maior de regras a serem definidas e executadas. Por outro lado, um número grande valores lingüísticos possibilita uma resposta e um ajuste mais fino do controle. Normalmente, esta escolha do número de valores lingüísticos é feita de forma heurística. A grande maioria dos controladores "fuzzy", na prática, utiliza entre 3 e 12 valores lingüísticos.

Em seguida, na fase de operação do controlador, as medições do processo, ou seja, as variáveis de entrada do controle são transformadas em variáveis lingüísticas, ou "fuzzy", através de um operador de codificação ($u = codi(u_0)$). Este operador calcula o valor da função de pertinência, entre 0 e 1, de todos os valores desta variável lingüística. Por exemplo, em um certo instante o erro entre uma variável e o seu valor desejado pode ser considerado "alto" com um valor de pertinência igual a 0.7, e "normal" com pertinência igual a 0.3.

3.4.1.2 - Base de conhecimento

A base de conhecimento possui as informações a respeito dos universos de referência, dos valores lingüísticos e das funções de pertinência de todas as variáveis do sistema. Ela contém também as **regras de produção** que associam as variáveis lingüísticas de entrada com as de saída. Pode-se dizer que a base de conhecimento de um controlador "fuzzy" é o "cérebro" do sistema, onde está localizada a inteligência do mesmo.

A aquisição dos conhecimentos necessários à elaboração desta base é a parte mais importante, demorada e crítica durante o desenvolvimento de um controlador "fuzzy". Se ela não for bem realizada, o desempenho futuro do controlador estará comprometido. Existem vários métodos para a aquisição do conhecimento:

- Obtenção manual;
- Modelagem do comportamento do operador;
- Modelagem do processo;
- Extração automática do conhecimento.

Obtenção manual

A obtenção manual dos conhecimentos é realizada através de "entrevistas" com operadores ou especialistas da área. Este é o método mais utilizado nas aplicações industriais [Berenji, 1993]. As regras de produção obtidas associam as entradas (erro, variação do erro etc.) com as saídas lingüísticas do controlador. Por exemplo:

R_i: **SE** { e_i é A_i } **e** { de_i é B_i } **ENTÃO** { du_i é C_i }.

Esta forma "manual" de obtenção dos conhecimentos necessita de uma metodologia especial, de forma a focalizar as informações realmente importantes para o desenvolvimento do controlador "fuzzy". Os problemas encontrados nesse trabalho são os mesmos encontrados em todas as atividades de extração de conhecimentos de um ser humano, e portanto também são encontrados durante a elaboração de um sistema especialista clássico.

Alguns desses problemas são:

- A seleção e a disponibilidade de um especialista competente na área.

- A capacidade de explicitar o raciocínio do especialista, que normalmente fornece a solução do problema, mas não as etapas utilizadas para se chegar a essa conclusão. O seu conhecimento muitas vezes não está estruturado, e existe também uma dificuldade em explicitar os conhecimentos implícitos, tais como os limites de validade de uma informação fornecida.

- As divergências e contradições eventuais entre os conhecimentos fornecidos por diversos operadores ou especialistas da área.

- A manutenção desses conhecimentos ao longo do tempo.

Entretanto, algumas dessas dificuldades podem ser resolvidas utilizando-se a lógica "fuzzy". Esta técnica permite tratar informações divergentes e contraditórias, permite modificar as funções de pertinência de maneira a evoluir o sistema ao longo do tempo, e também permite tratar certos conhecimentos implícitos [Bouchon-Meunier, 1995].

As regras da base de conhecimento de um controlador "fuzzy" são avaliadas em paralelo, logo, se existirem informações contraditórias, uma regra irá, por exemplo, solicitar um aumento no valor da saída com um certo grau, enquanto outra regra irá solicitar uma diminuição com outro grau ou valor de pertinência. Durante a fase de decodificação, ambas as regras serão consideradas e ponderadas para a obtenção da saída do controlador. Portanto, este sistema é de certo modo robusto a informações divergentes e contraditórias, embora não se deseje construir controladores com regras conflitantes.

Modelagem do comportamento do operador

O segundo método para aquisição de conhecimentos tenta observar o operador durante o seu trabalho, de maneira a criar um modelo de como ele manipula as variáveis do processo. Eventualmente, pode-se fazer algumas perguntas ao operador durante esta fase de observação, de forma a explicitar o seu raciocínio. Este método foi utilizado, por exemplo, para modelar como um condutor de trem parava e depois acelerava novamente a máquina nas estações, com o objetivo de automatizar esta tarefa [Sugeno, 1985].

Modelagem do processo

O terceiro método para aquisição de conhecimentos utiliza um modelo do processo para construir o controlador. Deve-se em seguida construir um conjunto de regras de controle a partir deste modelo do processo, através de uma heurística, ou através da inversão do modelo do processo.

As regras para modelar o processo podem ser do tipo (para a variável "i"):

R_i : SE $\{x_1$ é $A_1^i(x)\}$ e ... $\{x_M$ é $A_M^i(x)\}$ ENTÃO $\{ y = p_0^i + p_1^i x_1 + .. + p_M^i x_M \}$

Esta forma de sistema "fuzzy" é conhecida como modelo do tipo "Takagi-Sugeno" [Hellendoorn e Driankov, 1997].

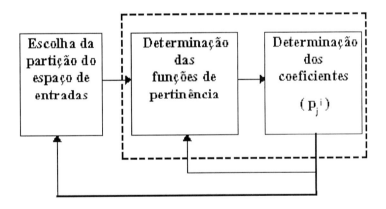

Figura 3.6 - *Algoritmo de identificação das regras "fuzzy" [Sugeno, 1985].*

A identificação e obtenção deste modelo "fuzzy" passa pela definição do número de regras "N" (partição "fuzzy" do universo de entrada do sistema), das funções de pertinência ($A_j^i(x)$), e dos coeficientes (p_j^i) que aparecem nas conclusões das regras. Essas identificações não são independentes. A identificação do número de regras é realizada empiricamente a partir dos conhecimentos dos especialistas ou através de uma otimização heurística. A identificação das funções de pertinência é realizada empiricamente ou por um método de programação não-linear. Finalmente, a identificação dos coeficientes (p_j^i) é obtida pela minimização dos erros, isto é, o desvio entre a saída do modelo e a saída do processo. A figura 3.6 mostra este processo de identificação.

Extração automática do conhecimento

O último método de aquisição dos conhecimentos é o de extração automática e de aprendizagem. Ele é utilizado quando não existe um especialista disponível e quando se dispõe de uma grande quantidade de dados relativos ao problema a ser resolvido. Para realizar a extração automática dos conhecimentos pode-se utilizar várias tecnologias, como métodos "neuro-fuzzy", algoritmos genéticos e auto-aprendizagem.

A utilização de redes de neurônios associados com a lógica "fuzzy" em sistemas híbridos permite tirar vantagens das qualidades dos dois métodos, ou seja, a capacidade de aprendizagem do primeiro e a flexibilidade e a representação simbólica dos conhecimentos do segundo [Kosko, 1992]. Estes métodos serão descritos em outro capítulo deste livro.

Os algoritmos genéticos são métodos de busca probabilísticos e de otimização heurística baseados em um modelo sobre a evolução biológica, e podem servir para a aprendizagem de regras "fuzzy" ou para a otimização das funções de pertinência de um determinado problema [Bouchon-Meunier, 1995][Raposo, 2000]. Esta tecnologia também será analisada ao longo deste trabalho.

O método da "auto-aprendizagem" pode ser utilizado para a aprendizagem das regras de controle e das funções de pertinência do controlador "fuzzy" adaptativo. O primeiro controlador "fuzzy" que aprendeu ele mesmo a determinar o seu comportamento foi proposto por [Procyk e Mandani, 1979] com o nome de "self-organizing process controller (SOC)". A figura 3.7 mostra o esquema de funcionamento do controlador "SOC".

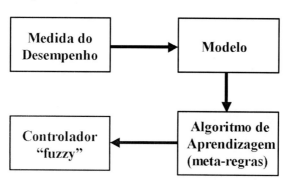

Figura 3.7 - Funcionamento do controlador "SOC" [Procyk e Mandani, 1979].

O controlador "SOC" observa o processo durante o seu funcionamento e utiliza os resultados de desempenho do sistema para melhorar as suas ações de controle com a ajuda de "meta-regras". Essas regras de "alto nível" servem para ajustar os parâmetros das regras de controle, e podem até criar novas regras. Desta forma, o controlador pode começar a funcionar com um conjunto de regras iniciais que serão afinadas com o tempo de operação do sistema, através de um critério de desempenho e de um conjunto de "meta-regras" [Harris e al., 1993] [Linkens e Abbod, 1991]. É possível também efetuar um ajuste apenas nas funções de pertinência utilizadas nas regras de controle, deixando estas últimas preservadas.

3.4.1.3 - Raciocínio "fuzzy"

Os conhecimentos da operação de um processo podem ser explicitados na forma de regras entre as variáveis lingüísticas de entrada (V, X, T_v) e as variáveis de saída (W, Y, T_w). Formalmente as regras podem ser escritas da seguinte forma:

R_1 :   **SE** $\{V_1 \text{ é } A_{11}\}$ e $\{V_2 \text{ é } A_{12}\}$ **ENTÃO** $\{W \text{ é } B_1\}$

R_2 :   **SE** $\{V_1 \text{ é } A_{21}\}$ e $\{V_2 \text{ é } A_{22}\}$ **ENTÃO** $\{W \text{ é } B_2\}$

Esta forma de sistema "fuzzy" é conhecida como modelo do tipo "Mandani" [Hellendoorn e Driankov, 1997].

Os subconjuntos "fuzzy" (A_{ij}) representam uma partição "fuzzy" dos valores possíveis para a variável "V_i". A partição dos universos de entrada e saída, que servem para caracterizar cada variável, é mais ou menos "fina" em função do número de subconjuntos "fuzzy" considerados nas regras de controle. Este número define a granularidade do sistema.

A etapa de raciocínio "fuzzy" consiste em utilizar as regras de controle na presença de variáveis de entrada medidas no processo e que satisfazem parcialmente as condições de utilização das regras (ou os antecedentes das regras), isto é, consiste em efetuar um "modus ponens generalizado". Como existem vários antecedentes em uma regra, utiliza-se o operador mínimo ("min") para calcular a ativação do conseqüente desta regra.

Por exemplo, seja a regra:

R_1 :   **SE** $\{V_1 \text{ é } A_{11}\}$ e $\{V_2 \text{ é } A_{12}\}$ **ENTÃO** $\{W \text{ é } B_1\}$

Se em um dado instante $\mu_{A11}(v_1)=0.65$ e $\mu_{A12}(v_2)=0.3$, então a saída do controlador (w) deveria, por esta regra, ser próxima de B_1 com grau $\mu_{B1}(w)=\min\{0.65, 0.3\}=0.3$.

Como todas as regras do controlador "fuzzy" são avaliadas em paralelo e de forma independente, e cada regra dá um resultado diferente para a variável de controle (w), deve-se ter um modo para ponderar todos estes resultados e escolher a saída do controlador. Esta é a chamada etapa de decodificação do controlador "fuzzy".

3.4.1.4 - Decodificação do controlador "fuzzy"

A partir das variáveis lingüísticas de saída das diversas regras e dos seus respectivos graus de pertinência, deve-se calcular uma ação de controle precisa. Isto é, deve-se obter uma ação de controle real, que é um comando não "fuzzy" da forma B={y_0}, com função característica valendo 1 no ponto y_0 e zero em qualquer outro ponto.

Existem vários métodos para se determinar y_0. Entretanto, o método mais usado na prática é o do centro de gravidade ("centre of area", COA), que no caso de um sistema discreto é dado pela fórmula a seguir:

$$y_0 = \frac{\sum_{y_j \in Y} \mu_{(B'_1, B'_2, \ldots)}(y_j) * y_j}{\sum_{y_j \in Y} \mu_{(B'_1, B'_2, \ldots)}(y_j)}$$

Este método na realidade realiza uma média ponderada dos valores (y_i) que melhor representam os subconjuntos "fuzzy" de saída (B_i), pelos graus de pertinência que as regras forneceram para estes subconjuntos.

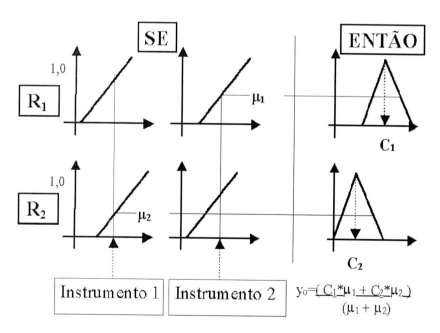

Figura 3.8 - *Exemplo de decodificação [Harris et al., 1993].*

A figura 3.8 mostra um exemplo de decodificação, utilizando o operador "mínimo" para implementar a operação "E" no raciocínio "fuzzy" e obter o grau de ativação de cada regra, e o método do centro de gravidade para a obtenção da ação de controle "não-fuzzy". A regra 1 ativa a saída "B_1" com grau μ_{R1}. O centro da função de pertinência "B_1" é "C_1". Logo, o centro "C_1" será ponderado na decodificação por μ_{R1}, conforme a figura 3.8.

Outros métodos de decodificação podem ser obtidos nos trabalhos de [Kosko, 1992] e [Harris et al., 1993].

3.4.2 - Histórico de aplicações dos sistemas "fuzzy" em controle de processos

Uma das áreas com maior número de aplicações da lógica "fuzzy" é a de controle e automação de processos. Um regulador "fuzzy" é um sistema de controle baseado em regras que interpolam "suavemente" o comportamento desejado para o sistema. Todas estas regras são avaliadas simultaneamente, ou em paralelo, e a saída do regulador é obtida "interpolando-se" as ações recomendadas por cada regra. Estas regras, que são o coração do controlador, são obtidas de um especialista do domínio da aplicação através da aquisição da sua experiência operacional ou através de um processo de aprendizagem a partir dos dados dinâmicos do processo.

O controle "fuzzy" foi introduzido por [Mandani e Assilian, 1975] nos anos 70 na Inglaterra, considerando uma aplicação em um gerador de vapor experimental. Outros trabalhos nesta área continuaram a ser desenvolvidos na Europa nesta época [Kickert e Lenke, 1976], entretanto o grande impulso em termos de aplicações industriais da lógica "fuzzy" só aconteceu nos anos 80 no Japão. Esta tecnologia se mostrou uma ferramenta poderosa para o tratamento de informações e foi utilizado em numerosos casos industriais e científicos, tais como:

- Controle de centrais termonucleares;
- Funcionamento automático de trens;
- Controle de processos petroquímicos;
- Sistemas inteligentes para eletrodomésticos (filmadoras, máquinas de lavar, forno microondas etc.);
- Sistemas de controle na indústria aeroespacial.

A vantagem do controle "fuzzy" é que ele pode reduzir consideravelmente o tempo de desenvolvimento de um controlador não-linear para um sistema complexo [Bonissone et al., 1995]. Isso é decorrente do fato de que este controlador é na realidade uma "função não-linear" entre as entradas e as saídas do sistema, que reflete os conhecimentos que os operadores e os engenheiros possuem do processo. Desta forma, esta tecnologia pode tirar vantagem dos conhecimentos já existentes de como se deve controlar e automatizar um certo processo.

82 | *Sistemas inteligentes em controle e automação de processos*

Outras vantagens do controle "fuzzy" decorrem do fato de ser uma tecnologia fácil de ser implementada em tempo real, de ser comprovadamente robusta em aplicações práticas e de ser capaz de controlar processos complexos.

Os trabalhos de [Dubois e Prade, 1992] e [Mendel, 1995] apresentam uma revisão bibliográfica das aplicações de sistemas "fuzzy" em controle de processos.

3.5 – Referências bibliográficas

[1] Berenji, H.R., 1993, " Fuzzy and Neural Control ", em Antasaklis, P. e Passino, K., " An Introduction to Intelligent and Autonomous Control ", Kluwer Academic Publishers.

[2] Bonissone, P. et al., 1995, " Industrial Application of Fuzzy Logic at General Electric ", Proceeding of the IEEE, V. 83 (3), 450-465.

[3] Bouchon-Meunier, B., 1995, " La Logique Floue et ses Applications ", Ed. Addison--Wesley, France.

[4] Dubois, D. e Prade, H., 1992, "Fuzzy Sets: A survey of engineering applications", European Symp. On Comp. Aided Process Engng., s373-380.

[5] Harris, C.J., Moore, C.G. et Brown, M., 1993, " Intelligent Control - Aspects of Fuzzy Logic and Neural Nets ", World Scientific Publishing.

[6] Hellendoorn, H. e Driankov, D., 1997, " Fuzzy Model Identification. ", Springer--Verlag Berlin Heidelberg.

[7] Kickert, W.J. e Lenke, H., 1976, " Application of Fuzzy Control in a Warm Water Plant ", V. 12, 301-308.

[8] Kosko, B., 1992, " Neural Networks and Fuzzy Systems - A Dynamical Systems Approach to Machine Intelligence ", Prentice Hall, New Jersey.

[9] Linkens, D., e Abbod, M., 1993, " Constructing rule-bases for multivariable fuzzy control by self-learning ", Int. J. Systems Sci., V. 24 (1), 111-127.

[10] Mandani, E.H., e Assilian, S., 1975, " An experiment in Linguistic Synthesis with Fuzzy Logic Controller ", Int. J. Man-Machines Studies, V.7, 1-13.

[11] Mendel, J. M. , 1995, " Fuzzy Logic Systems for Engineering: A Tutorial ", Proceedings of the IEEE, vol 83, no. 3.

[12] Procyk, T. e Mandani, E.H., 1979, " A Linguistic Self-Organizing Process Controller ", Automatica, V. 15, 15-30.

[13] Raposo, T., 2000, " Aplicação de Algoritmos Genético para a Otimização de Controladores 'Fuzzy' em Processos Petroquímico ", Dissertação de Mestrado do Instituto Militar de Engenharia.

[14] Sugeno, M., 1985, " Industrial Applications of Fuzzy Control ", Elsevier Science Publishing Inc., North-Holland.

Parte 3.3

Exemplo do Controlador "PID-Fuzzy"

3.6 - Aspectos gerais do projeto de um controlador "fuzzy"

Geralmente, não existe um método para determinar o número mínimo de regras "fuzzy" necessárias ao controle do processo. A solução depende do desempenho desejado, do número de valores lingüísticos escolhido e de outros aspectos qualitativos do problema a ser resolvido.

Um primeiro ponto a ser analisado é que um algoritmo de controle deve gerar uma ação de controle para cada estado possível de operação do processo. Ele deve ser "completo" ou, de outra maneira, as regras de controle devem cobrir todo o universo de referência (domínio) das variáveis de entrada.

Entretanto, o controlador não precisa ter uma regra para cada situação. Ele pode generalizar a partir de um número menor de regras. Esta característica é importante principalmente para sistemas de grandes dimensões. Por exemplo, um sistema com "p" variáveis, cada uma tendo "r" valores lingüísticos, pode ter até "$k=r^p$" regras, que é uma função exponencial do número de variáveis!

Obviamente, existem vários métodos para evitar a explosão do número de regras, tais como organizar as regras de uma maneira hierárquica [Raju et al., 1991] ou dividir o problema em "subproblemas" de dimensões razoáveis [SFJTI, 1990]. Um controlador com muitas regras, além de ser difícil de se manter, corre o risco de possuir regras contraditórias, gerando dificuldades para o controle [Harris et al., 1993]. Logo, deve-se procurar projetar um controlador que atenda aos critérios de desempenho com o menor número de regras possíveis.

Um regulador é robusto se ele é insensível às variações nos parâmetros do processo a ser controlado, como, por exemplo, o ganho ou a constante de tempo do mesmo. Um controlador baseado na lógica "fuzzy" é geralmente robusto em relação às variações nos parâmetros do processo, em função do processo de codificação.

Outra característica importante de um controlador é a sua capacidade de operar com variáveis de entrada ruidosas. Um critério para medir a capacidade de supressão dos ruídos consiste em calcular a razão entre o valor médio da entrada dividido pela sua variância (m_e/σ_e), e o valor médio da ação de controle (saída) dividido pela sua variância (m_s/σ_s). Um controlador capaz de manter o valor (m_s/σ_s) quase constante, quando a variância do sinal de entrada aumenta (σ_e), é considerado robusto em relação aos ruídos.

Um controlador "fuzzy" é geralmente robusto em relação aos ruídos, já que a sua ação de controle é calculada em função de várias regras que não são afetadas da mesma forma pelos ruídos. Em geral, a capacidade deste controlador de operar na presença de ruídos depende obviamente das regras da base de conhecimento e da forma das funções de pertinência [Harris et al., 1993].

3.7 - Projeto de um controlador "PID-FUZZY"

As variáveis de entrada de um controlador PID são geralmente o erro ("E"), que é o desvio entre a variável de processo e o seu "set-point", ou valor desejado, a derivada no tempo deste sinal de erro ("dE/dt") e a integral deste erro ("∫Edt"). A variável de saída ("U") é a variável manipulada que poderá abrir ou fechar uma válvula do processo. Se for utilizado um algoritmo de velocidade ("diferenças finitas"), que é mais eficiente do ponto de vista de implementação nos computadores digitais, as variáveis do controlador PID são as seguintes: {E, ΔE, Δ²E, ΔU} [Stephanopoulos, 1984]:

$$\Delta U(n) = K_p{}^*\Delta E(n) + (1/T_I){}^*E(n){}^*TA + T_D{}^*\Delta^2 E(n) \, /TA$$

Onde:

K_p – Ajuste Proporcional (P) do controlador;

T_I – Ajuste Integral (I) do controlador;

T_D – Ajuste Derivativo (D) do controlador;

ΔE – Variação do erro entre dois intervalos de amostragem;

TA – Tempo de amostragem do controlador;

ΔU – Variação da saída.

Desta forma, estas serão também as variáveis utilizadas para o projeto de um controlador "PID-FUZZY".

Os primeiros passos para a elaboração do controlador "PID-FUZZY" são: a definição do universo de referência (domínio) das variáveis do controlador, a normalização, por exemplo, no intervalo de [-1, 1], e a definição das funções de pertinência. A tabela 3.1 a seguir mostra um exemplo possível da normalização das variáveis do controlador.

Tabela 3.1 - Exemplo de normalização das variáveis.

E	-50	-30	-15	-5	0	5	15	30	50
ΔE	-150	-90	-30	-10	0	10	30	90	150
ΔU	-64	-16	-4	-2	0	2	4	16	64
Saída	-1	-0.75	-0.5	-0.25	0	0.25	0.5	0.75	1

Ao se definir a normalização a ser utilizada, estamos implicitamente definindo fatores de escala para as variáveis associadas. Para a variável "E" da tabela acima, o fator de escala é igual a 2/100 (range [-1, 1]/ range de medição [-50, 50]). O fator de escala para a variável "ΔE" é igual a 2/300. Muitos projetistas de controladores "fuzzy" mantêm estes fatores de escala explicitamente multiplicando as variáveis de entrada na implementação do regulador, de forma a se ter um grau de flexibilidade maior durante a sintonia do sistema. Isto implica em dizer que os fatores de escala passam a ser parâmetros de sintonia do controlador "fuzzy".

As funções de pertinência são definidas a partir da escolha dos valores lingüísticos necessários ao controle. Por exemplo, para uma determinada aplicação os valores lingüísticos poderiam ser iguais a: {PG, PM, PP, Z, NP, NM, NG}, onde "PG" significa que a variável é positiva e grande, "NM" significa que a variável é negativa e média, "Z" significa que a variável está próxima de zero etc. A figura 3.9 a seguir mostra um exemplo possível de funções de pertinência.

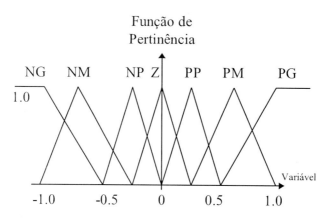

Exemplo de definição de funções de pertinência.

Em seguida, as regras de controle, que associam as variáveis de entrada com as de saída, são elaboradas em função dos conhecimentos que os operadores e/ou engenheiros possam ter do processo a ser controlado. A forma destas regras é a seguinte:

R_i: **SE** { E é V_i } e { ΔE é ΔV_i } e { $\Delta^2 E$ é $\Delta^2 V_i$ } **ENTÃO** { ΔU é W }

A relação "fuzzy" do controlador é obtida fazendo-se a união de todas as regras de controle envolvidas.

$$R = R_1 \cup R_2 \cup ... \cup R_N = \bigcup_{i=1}^{N}\left(V \times dV \times d^2V \times W\right)$$

Desta forma, nós podemos considerar um controlador "fuzzy" como sendo uma função não-linear do produto cartesiano das variáveis de entrada (E x ΔE x $\Delta^2 E$) no espaço de saída (ΔU). A saída do controlador (ou mais precisamente o valor de ativação das funções de pertinência de saída) é calculada através do raciocínio "fuzzy", que utiliza um "modus ponens generalizado" para cada regra e um processo de decodificação.

De maneira a exemplificar, será desenvolvido agora o projeto de um controlador do tipo "PI-Fuzzy", e não "PID" de forma a gerar uma tabela bidimensional das regras de controle. Neste caso, existirão duas variáveis de entrada (E e ΔE) e uma de saída (ΔU). Considerando que cada variável tenha sete (7) valores lingüísticos {PG, PM, PP, Z, NP, NM, NG}, pode-se ter até 49 regras de controle (número de valores lingüísticos elevado à dimensão do espaço de entradas = 7^2). Estas regras são criadas em função dos conhecimentos de um especialista de controle e de um especialista do processo a ser controlado, e a partir de uma resposta dinâmica desejada para o sistema.

A tabela 3.2 a seguir mostra as regras de controle obtidas a partir da análise dos pontos 1 a 13 da figura 3.10, considerando o comportamento "ótimo" da variável de saída para cada um destes pontos. Por exemplo, no ponto 2 o erro entre a variável de processo e o seu valor desejado (SP) está próximo de zero (Z), mas a variação do erro é negativa e grande (NG), logo, deve-se esperar que a variável se afaste rapidamente do seu SP. Portanto, para manter a variável igual ao SP, o controlador deve se antecipar e variar a saída do controlador de uma maneira negativa e grande (NG) [Regra 2 da tabela]. A direção da ação de controle, isto é, se o controlador deve aumentar (PG) ou diminuir (NG) a variável de saída, depende do processo em questão. No caso analisado, considerou-se que diminuindo a saída (NG) a resposta do processo também diminui, fazendo com que a variável volte para o "set-point".

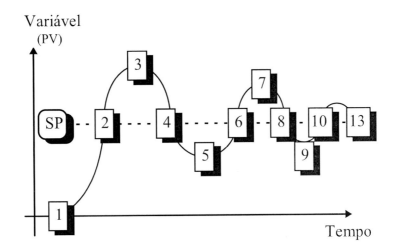

Resposta dinâmica desejada da variável de processo.

Sistemas inteligentes em controle e automação de processos

Tabela 3.2 - As regras da base de conhecimentos do controlador "PI-Fuzzy".

E \ ΔE	NG	NM	NP	Z	PP	PM	PG
NG				NG(3)			
NM				NM(7)			
NP				NS(11))			
Z	NG(2)	NM(6)	NP(10)	Z(13)	PP(12)	PM(8)	PG(4)
PP				PP(9)			
PM				PM(5)			
PG				PG(1)			

A título de exemplo, será considerado um processo simples, com uma entrada e uma saída e cuja dinâmica pode ser representada pela função de transferência a seguir:

$$G_p(S) = \frac{5}{s^2 + s + 1}$$

A curva (1) da figura 3.11 mostra a resposta dinâmica do controlador "PI-Fuzzy" após uma mudança no "set-point" do controlador. As regras da base de conhecimentos deste controlador foram mostradas na tabela 3.2. A curva (2) da figura 3.11 mostra a resposta dinâmica do sistema quando as regras do controlador são alteradas conforme a tabela 3.3. As regras dessa nova base de conhecimentos são as mesmas da antiga, entretanto as ações foram "desacopladas", isto é, cada regra passou a possuir somente um antecedente:

R_i: **SE** { E é V_i }   **ENTÃO** { ΔU é W }

R_{i+1}:   **SE** { ΔE é ΔV_i } **ENTÃO** { ΔU é W }

Tabela 3.3 - As regras com 1 antecedente da nova base de conhecimentos.

E	NG	NM	NP	Z	PP	PM	PG
ΔU	NG	NM	NP	Z	PP	PM	PG

ΔE	NG	NM	NP	Z	PP	PM	PG
ΔU	NG	NM	NP	Z	PP	PM	PG

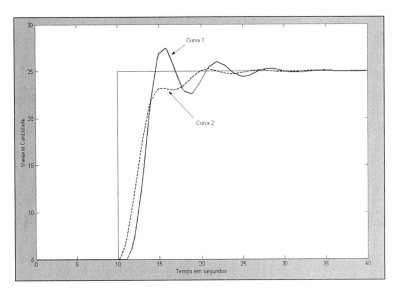

Exemplos do desempenho do controlador "PI-Fuzzy".

Observando a figura 3.11, pode-se notar que o simples fato de "desacoplar" as regras da base de conhecimentos, mantidos todos os outros parâmetros constantes, trouxe uma conseqüência significativa na resposta dinâmica do controlador.

Uma outra característica interessante de um controlador baseado na lógica "fuzzy" é que não há necessidade de escrever uma regra para cada situação possível, isto é, não é preciso escrever todas as regras possíveis para uma dada aplicação, uma vez que as saídas podem ser avaliadas em função das regras mais próximas. Esta característica decorre do fato da variável lingüística ser definida por uma função de pertinência que cobre uma faixa de valores das variáveis de entrada. Logo, uma regra que usa esta variável lingüística é voltada para toda uma faixa de valores, não sendo uma regra pontual, como no caso de um sistema especialista clássico. Esta característica permite ao controlador ter uma certa capacidade de generalização e diminuir o número de regras necessárias para cobrir todo o universo das entradas.

No caso da curva (1) da figura 3.11, foram definidas apenas 13 regras (tabela 3.2) de um total de 49 regras possíveis, e o controlador apresentou um desempenho satisfatório. Para essa perturbação de mudança do "set-point", o controlador calculou a sua saída utilizando efetivamente apenas sete regras das 13 que foram definidas. A figura 3.12 a seguir mostra as regras que efetivamente participaram do controle, indicando o valor máximo da ativação das respectivas regras (mínimo das funções de pertinência dos antecedentes).

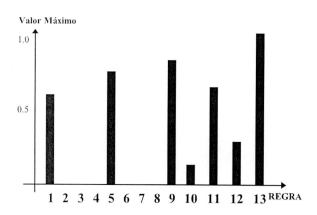

Regras ativas durante a operação do "PI-Fuzzy" no exemplo.

3.8 - Análise das características do controlador "PI-FUZZY"

Na seção anterior, nós desenvolvemos um algoritmo "PI-FUZZY" para o controle de um processo monovariável e com dinâmica simples. Um pergunta que poderíamos fazer é a seguinte: Qual a vantagem deste algoritmo em relação ao robusto e clássico algoritmo PID?

Realmente, o controlador PID clássico é um algoritmo simples e comprovadamente robusto. Na prática, mais de 90% das malhas de controle de uma planta de processo industrial, como as da área petroquímica, utilizam este controlador. O controlador PID possui apenas três parâmetros a serem ajustados:

- Termo Proporcional (P) - Ganho K_C;
- Termo Integral (I) - Tempo ou "reset" integral (T_I);
- Termo Derivativo (D) - Tempo derivativo T_D.

O algoritmo "fuzzy", por outro lado, é bem mais complexo e possui um número muito maior de parâmetros a serem ajustados. No caso do "PI-FUZZY" discutido anteriormente observa-se que:

- Nas variáveis lingüísticas, foram escolhidos sete valores lingüísticos por variável. Como existiam duas variáveis de entrada e uma de saída, foi necessário definir 21 funções de pertinência;
- Existem até 49 regras (7^2) de controle a serem definidas;
- Existem até três fatores de escala a serem ajustados, um para cada variável.

Entretanto, a grande vantagem do controlador "fuzzy" é que ele possui uma lei de controle não-linear. Isto é, se for desenhada a superfície de controle do "PI-FUZZY" do problema, pode-se constatar que a função é não-linear. Esta superfície de controle é mostrada na figura 3.13, onde as variáveis de entrada do controlador (E, ΔE) percorrem os seus respectivos universos de referência, e calcula-se para cada entrada, a saída do controlador (ΔU). A figura 3.14 mostra a superfície de controle linear do PID.

Pode-se constatar que o "PI-FUZZY" possui uma lei de controle não-linear, enquanto o PID clássico é um controlador linear. Desta forma pode-se esperar que um sistema "fuzzy" possa tratar e resolver uma classe maior de problemas. A desvantagem, entretanto, é o maior número de parâmetros a serem ajustados, e conseqüentemente o tempo gasto para se projetar um sistema de controle "fuzzy".

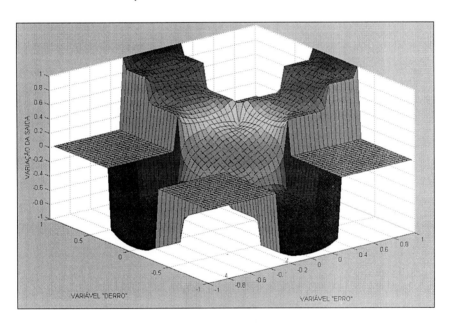

Superfície de controle não-linear do regulador "fuzzy".

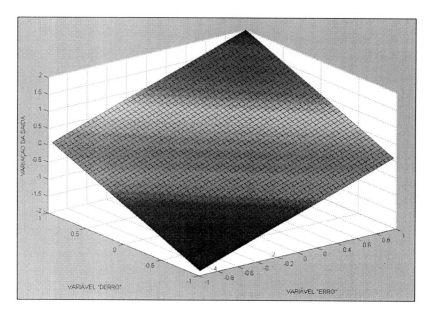

Superfície de controle linear do regulador PID.

A vantagem do controlador "fuzzy" em relação a outros controladores não-lineares, é que ele apresenta em geral um tempo de desenvolvimento do sistema bem menor [Bonissone et al., 1995]. Isto decorre do fato de que um controlador "fuzzy" pode valorizar e utilizar informações prévias a respeito do processo a ser controlado. Estas informações poderiam ser fornecidas pelos operadores e/ou pelos engenheiros da planta.

Obviamente, para problemas simples a solução ótima do ponto de vista econômico continuará sendo o uso de controladores do tipo PID. Entretanto, para problemas mais complexos, o controlador "fuzzy" pode ser uma solução mais adequada, pois poderá permitir a operação do sistema em uma região maior de funcionamento, ou mais próxima dos limites de operação do processo. Desta forma, o controlador "fuzzy" pode trazer ganhos à operação da unidade industrial.

Outro ponto interessante a ser analisado é a robustez de um algoritmo "PI-FUZZY", comparada a de um regulador PID. Neste caso, o termo "robustez" será usado para tentar "medir" a capacidade do controlador suportar variações na dinâmica do processo e operar com medições ruidosas, considerando-se que a sua sintonia permanece constante. Será variado o ganho do processo e introduzido um ruído na medição desta variável controlada. A variável de desempenho que será utilizada é a integral do erro absoluto multiplicado pelo tempo (ITAE).

As figuras 3.15 e 3.16 a seguir mostram que a degradação do desempenho dos dois controladores é da mesma ordem de grandeza, sendo o "PI-FUZZY" um pouco mais robusto para grandes variações no ganho da função de tranferência, e para processos ruidosos.

Estas figuras não devem ser utilizadas para comparar estes dois algoritmos de controle, pois eles se aplicam à solução de classes de problemas diferentes. O PID é uma solução para problemas lineares, e de preferência que possam ser tratados como monovariáveis. Já o controlador "fuzzy" se aplica a problemas não-lineares, complexos ou multivariáveis. Entretanto, estas figuras mostraram que um controlador "fuzzy" pode apresentar uma robustez equivalente à de um controlador bastante utilizado na prática. Este resultado pode ajudar a "convencer" os operadores e os engenheiros de um determinado processo a utilizar a tecnologia "fuzzy".

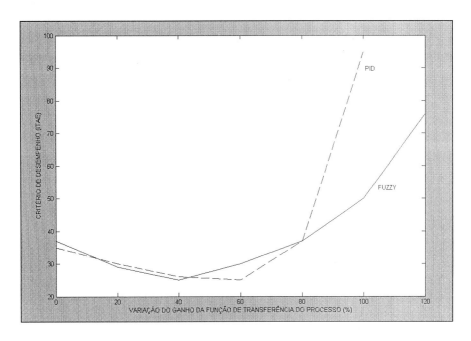

Comparação entre a robustez do controlador "fuzzy" e do PID para variações no ganho do processo.

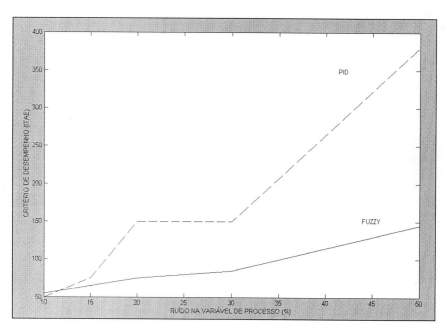

Comparação entre a robustez do controlador "fuzzy" e do PID para ruídos na variável de processo.

3.9 – Referências bibliográficas

[1] Bonissone, P. et al., 1995, " Industrial Application of Fuzzy Logic at General Electric ", Proceeding of the IEEE, V. 83 (3), 450-465.

[2] Harris, C.J., Moore, C.G. e Brown, M., 1993, " Intelligent Control - Aspects of Fuzzy Logic and Neural Nets ", World Scientific Publishing.

[3] Raju, G., Zhou, J. e Kisner, R., 1991, " Hierarchical Fuzzy Control ", Int. J. Control, V. 54 (5), 1201-1216.

[4] SFJTI, 1990, " Rapport de Mission d'Étude sur les Ensembles Flous au Japon", Société Franco-Japonaise des Techniques Industrielles.

[5] Stephanopoulos, G., 1984, " Chemical process control: An introduction to theory and practice ", Prentice-Hall Inc., New Jersey.

Parte 3.4

Controlador "Fuzzy" Para a Partida de Unidades

3.10 - Exemplo de um controlador multivariável 'fuzzy'

Como já foi descrito no capítulo anterior, foi desenvolvido um sistema inteligente para a partida da Plataforma PETROBRAS - XIX (P-19) (figura 3.17). A primeira fase da partida é constituída, entre outras atividades, do alinhamento das diversas válvulas "on-off", o que foi implementado através de um sistema especialista. A segunda fase é constituída do início real da produção de óleo, onde as válvulas de controle de cada poço são abertas. Para esta fase, foi desenvolvido um controlador multivariável "fuzzy" que será descrito a seguir.

Figura 3.17 - *Plataforma 19 na Bacia de Campos, Rio de Janeiro.*

Este controlador multivariável "fuzzy" atua no nível supervisório, isto é, ele verifica se as variáveis do processo estão nas faixas desejáveis de operação, e abre ou fecha as válvulas de produção dos diversos poços, que são as variáveis manipuladas do controlador. As variáveis controladas são as seguintes:
- Os níveis, temperaturas e pressões dos vasos separadores, das dessalgadoras (vasos de separação água-óleo), e do vaso pulmão ("surge");
- As pressões dos gasodutos, oleodutos e dos turbocompressores.

Estas variáveis controladas não são mantidas iguais a certos valores desejados, mas sim dentro de faixas normais de operação. O objetivo do controlador é abrir as válvulas de produção na máxima velocidade permitida, que é função do reservatório de petróleo e de cada poço em particular, desde que o processo esteja operando dentro da sua região aceitável de operação.

Se as bombas de exportação de óleo estão tendo dificuldades em escoar o petróleo, e o nível do vaso pulmão ou de "surge" começa a subir, então não adiantará continuar aumentando a produção, ou seja, abrindo as válvulas na mesma taxa. Pois se o nível do vaso pulmão atingir um valor limite, toda a planta de produção será parada pelo sistema de segurança e o processo de partida deverá recomeçar do zero novamente. Portanto, o controlador "fuzzy" deverá aumentar a produção na velocidade máxima requerida pelo reservatório, mas respeitando as restrições do processo. Problemas para escoar o óleo podem acontecer, por exemplo, quando a planta fica muito tempo parada e a temperatura do petróleo no oleoduto diminui, elevando a viscosidade e dificultando o início do bombeamento.

Uma vez selecionadas as variáveis controladas e manipuladas, o próximo passo para o desenvolvimento do controlador "fuzzy" é definir os valores lingüísticos para as mesmas. O nível de cada vaso monitorado tem um certo valor desejado, ou "set-point", e a diferença entre este valor e o nível atual é uma variável lingüística chamada de "erro". Este "erro" pode ter os seguintes valores:

NG - Negativo Grande;

NM - Negativo Médio;

NP - Negativo Pequeno;

Z - próximo de Zero;

PP - Positivo Pequeno;

PM - Positivo Médio;

PG - Positivo Grande.

Cada um destes valores terá uma função de pertinência a ser definida. Estes valores estarão relacionados com os valores lingüísticos das variáveis de saída através das regras do controlador. Uma variável de saída do controlador (ΔU) é a variação da abertura da válvula de produção de óleo de cada poço. Os valores lingüísticos para esta saída podem ser: NG - Negativo Grande, NM - Negativo Médio, NP - Negativo Pequeno, Z - próximo de Zero, PP - Positivo Pequeno, PM - Positivo Médio e PG - Positivo Grande.

As regras do controlador "fuzzy" possuem os conhecimentos ou a experiência de como operar satisfatoriamente o processo. A tabela 3.4 a seguir mostra um exemplo de regras que associam um "erro" no nível do vaso separador com uma ação nas válvulas de produção. Se o "erro" for muito grande (PG), isto é, o nível se encontra muito acima do desejado, então deve-se fechar as válvulas de produção de uma forma muito rápida (NG), de maneira a diminuir a produção e evitar uma parada indesejada de toda a planta por causa do nível alto neste vaso.

Tabela 3.4 – Exemplo de regras lingüísticas.

ΔE	NG	NM	NP	Z	PP	PM	PG
ΔU	PG	PM	PP	Z	NP	NM	NG

O controlador multivariável "fuzzy" desenvolvido possui 56 regras, que tentam contemplar todas as situações esperadas. Estas regras não precisam contemplar todas as combinações possíveis entre os valores lingüísticos das variáveis de entrada e saída, mas devem ser completas, isto é, para qualquer combinação das entradas, o sistema deve ter uma resposta aceitável.

O intervalo de execução ou ciclo deste controlador é de 10 segundos, ou seja, o algoritmo é executado a cada 10 segundos.

Para o ajuste e sintonia deste controlador multivariável "fuzzy" foi desenvolvido um simulador dinâmico simplificado do processo no MATLAB. Através deste simulador, obteve-se uma pré-sintonia do controlador. Desta forma, encontrou-se o número de valores lingüísticos para cada variável de entrada e saída, e ajustou-se as respectivas funções de pertinência e as regras da base de conhecimento. O simulador também foi utilizado para analisar a robustez do controlador "fuzzy" a mudanças na planta. Este controlador, com a sintonia obtida, foi então configurado no software de tempo real "G2" da GENSYN. Foram colocados ganhos multiplicadores para cada variável de entrada e de saída. Estes ganhos são ajustados inicialmente em 1.0, e permitem uma sintonia fina no campo.

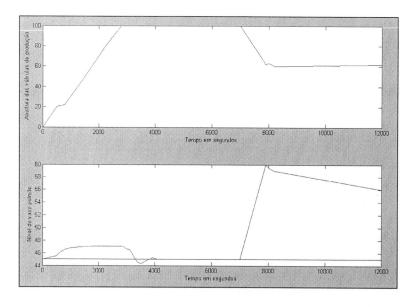

Figura 3.18 - Resultados do simulador durante a partida e em presença de perturbação.

A figura 3.18 mostra uma resposta do sistema simulado no MATLAB. Observa-se o sistema abrindo as válvulas de produção de óleo na velocidade desejada. Como o nível do vaso pulmão está em controle, o sistema abre totalmente as válvulas. No tempo igual a aproximadamente 7000 segundos ocorre uma perturbação e o nível começa a subir. O controlador então diminui automaticamente a produção de óleo para evitar uma parada de toda a planta por nível alto neste vaso. Várias podem ser as causas desta perturbação: parada de uma ou de várias bombas de exportação de óleo, fechamento da válvula de segurança de um oleoduto etc. Esta figura mostra a vantagem de se ter um controlador "fuzzy" monitorando uma planta de processo.

A figura 3.19 mostra o desempenho real do controlador na planta de processo da Plataforma P-19. O primeiro gráfico mostra o nível do vaso de surge, e o segundo a abertura do poço CP-1210-01M.

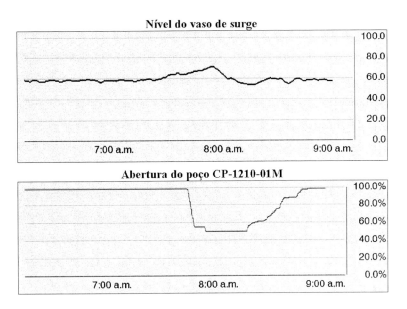

Figura 3.19 - *Resultados do controlador na planta real.*

Este exemplo de aplicação de um controlador multivariável "fuzzy" mostra que a automação de procedimentos de operação e otimização de plantas de processo através do uso deste tipo de tecnologia é viável. Este tipo de controlador permite valorizar a experiência operacional da companhia através de regras relacionando as variáveis do processo.

3.11 – Referências bibliográficas

[1] Campos, M., Mesquita, M. e Satuf, E., 1999, " Intelligent System for Startup of a Petroleum Offshore Platform ", Instrument Society of America, ISA TECH, USA.

[2] Campos, M. e Satuf, E., 2000, " Startup Automation of a Petroleum Offshore Platform ", Society of Petroleum Engineers, Annual Technical Conference and Exhibition.

[3] Campos, M., Satuf, E. e Mesquita, M., 2001, " Intelligent system for start-up of a petroleum offshore platform ", ISA Transactions 40, 283-293.

Parte 3.5

Controladores "Fuzzy" em Sistemas Não-Lineares

3.12 - Controladores "fuzzy" em sistemas não-lineares

Os sistemas "fuzzy" permitem elaborar estratégias de controle "não-linear" de uma maneira rápida e eficiente, como será visto no exemplo a seguir.

O caso que será analisado a seguir é de um controle monovariável, ou seja, com uma única variável controlada e uma única variável manipulada. O processo a ser controlado apresenta uma relação não-linear entre sua entrada e sua saída. As figuras 3.20 e 3.21 ilustram esta relação.

Processo não-linear.

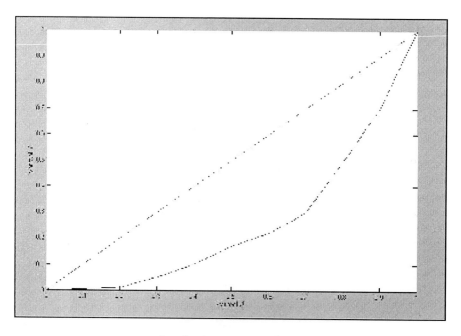

Detalhe do processo não-linear.

Pode-se observar que na faixa inicial da variável manipulada (u) até 0,5 (50%) (processo em carga baixa), a variável controlada é muito menos sensível do que na faixa final. Isto significa que para uma mesma variação de "u", a variação da saída "y" é muito maior na faixa final.

Este fato também pode ser visto na figura 3.22, onde para uma variação de 0,1 na variável manipulada, a saída varia muito mais quando se estava operando em carga alta (faixa final) do que quando em carga baixa. No primeiro caso a variação foi de 0,2, enquanto no segundo foi de 0,04, ou seja, cinco vezes a variação do caso de carga baixa.

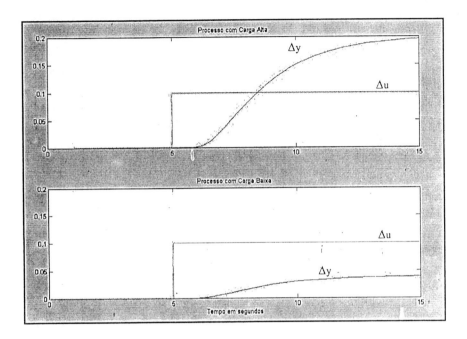

Resposta do processo em dois pontos de operação.

Processos com esta característica são muito comuns na prática. As válvulas de controle podem apresentar este comportamento. As suas características de projeto, como o formato do obturador, fazem com que a sensibilidade das mesmas mude em função da região de operação.

Este tipo de comportamento gera uma dificuldade para o controle de uma malha. Por exemplo, suponha que se deseje operar uma grande parte do tempo em carga baixa no processo da figura 3.21, e que estejam sendo utilizados controladores do tipo PI. Uma sintonia boa seria ganho proporcional $Kc=1,0$ e tempo integral $Ti=2$ segundos. A resposta a um degrau no valor de referência é mostrada na figura 3.23.

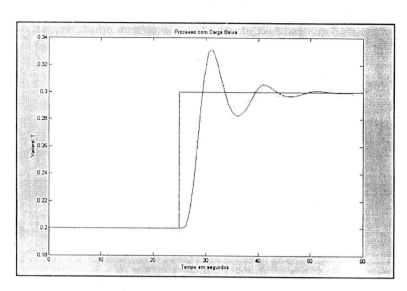

Resposta do controle sintonizado para carga baixa.

Entretanto, suponha que por razões de mercado seja desejável elevar a carga para um valor da ordem de 0,8. Se a operação não alterar o ajuste ou a sintonia do controlador PI e simplesmente ajustar o novo "set-point" ou valor de referência para 0,8, a resposta a um degrau é mostrada na figura 3.24.

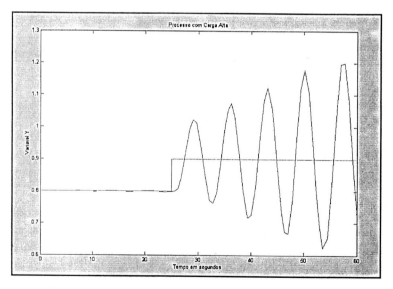

Resposta do sistema em carga alta para a mesma sintonia.

Observa-se que o sistema de controle ficou instável, e o controle deveria ser reajustado com uma sintonia mais suave, visto que o processo é cinco vezes mais sensível a uma perturbação neste novo ponto de operação.

Uma sintonia possível seria Kc=0,2 e Ti=10 segundos. A figura 3.25 mostra o desempenho do controle com esta nova sintonia. Observa-se que não existe mais o problema de instabilidade. Entretanto, a resposta em carga baixa fica com o desempenho comprometido, conforme a figura 3.26, que mostra o desempenho com a nova sintonia comparando-o com o desempenho antigo.

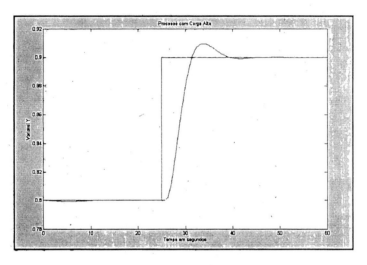

Resposta do processo em carga alta com nova sintonia.

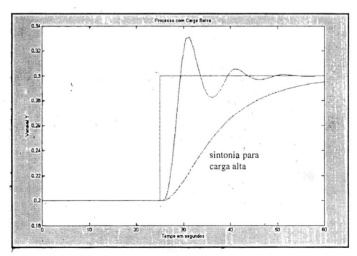

Variação do desempenho das sintonias em carga baixa.

Uma solução de compromisso seria projetar um controlador fuzzy para ajustar a sintonia do controlador PID em função das regiões de operação.

A entrada do controlador poderia ser o ponto de referência desejado, que neste exemplo poderia variar entre 0 e 1,0, e as saídas seriam o ganho proporcional (Kc) e o tempo integral do controlador PI (Ti) (figura 3.27).

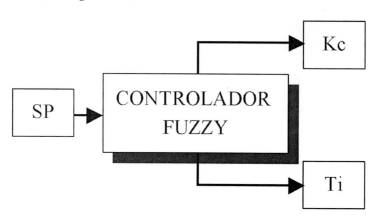

Estrutura do controlador "fuzzy"

Um controlador "fuzzy" simples poderia ter apenas duas funções de pertinência para a entrada ("set-point" alto e baixo). A figura 3.28 ilustra estas funções. Esta figura foi obtida com o programa "SisFuzzy" da PETROBRAS. Este sistema permite gerar, simular e exportar o código fonte do controlador "fuzzy" para um outro ambiente de tempo real.

Para este problema, foram geradas duas funções de pertinência. Uma chamada de "baixa" e outra chamada de "alta". Considera-se a carga como sendo "baixa" quando a entrada (set-point) estiver abaixo de 0,2, e como sendo "alta" quando a carga estiver acima de 0,8. Entre estes dois valores a carga será considerada como uma combinação entre "alta" e "baixa".

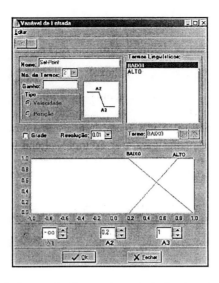

Definição das funções de pertinência alta e baixa.

A figura 3.29 ilustra as funções de pertinência para as saídas associadas ao ganho (Kc) e ao tempo integral. O ganho será considerado baixo quando estiver abaixo de 0,2, e alto se tiver acima de 1,0. As funções de pertinência para a saída associada ao tempo integral (Ti) considera um valor 2,0 como baixo e 10,0 como alto.

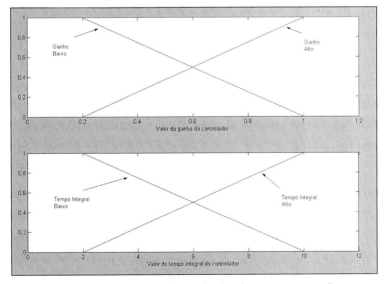

Funções de pertinência das saídas (ganho e tempo integral).

As regras deste controlador "fuzzy" poderiam ser muito simples, tais como:

Se {Carga Baixa}   **Então** {Ganho Alto}   e {Tempo Integral Baixo}
Se {Carga Alta}   **Então** {Ganho Baixo}   e {Tempo Integral Alto}

A implementação deste controlador produz o desempenho mostrado na figura 3.30. Pode-se observar que tanto em carga baixa quanto em carga alta, o sistema de controle apresenta um bom desempenho. A vantagem deste sistema é que não há necessidade de intervenção do operador da planta para, por exemplo, alterar a sintonia do controlador. O controle é dito robusto, e pode operar com um bom desempenho em toda a sua faixa de operação.

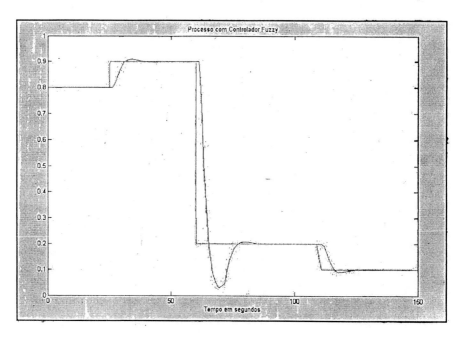

Desempenho do controlador "fuzzy".

A figura 3.31 mostra para este controlador o valor do ganho e do tempo integral do controlador PI que será utilizado em função da região de operação.

Obviamente, existem outras maneiras de se resolver este problema, como utilizar os controladores PID com ganho ajustável, que estão disponíveis em muitos equipamentos industriais de automação. Entretanto, utilizou-se este exemplo simples para mostrar como traduzir uma regra heurística de controle em um sistema automático de controle utilizando a lógica difusa. Esta regra heurística poderia ser traduzida da seguinte forma: "processo com alta sensibilidade deve ser controlado com um controlador PID com baixo ganho proporcional".

A grande vantagem dos controladores "fuzzy" é permitir valorizar os conhecimentos e a experiência de operação das plantas industriais, que são muitas vezes complexas e não-lineares, para projetar sistemas de controle não-lineares baseados em regras e que são de fácil implementação.

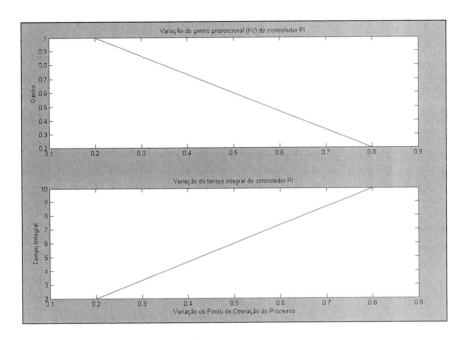

Variação do ganho e do tempo integral do PI pelo sistema "fuzzy".

Parte 3.6

Desenvolvimento de um Controlador "Fuzzy"

3.13 - Geração de uma aplicação de controle fuzzy

A figura 3.32 apresenta a estrutura completa de um controlador "fuzzy". Inicialmente, todos os sinais provenientes dos sensores têm que ser convertidos para variáveis lingüísticas. Isto é, uma grandeza medida como um valor absoluto "x" tem que ser traduzida para um valor lingüístico correspondente. Este processo leva o nome de fuzificação ou codificação, já que utiliza conjuntos "fuzzy" para converter variáveis reais em variáveis lingüísticas.

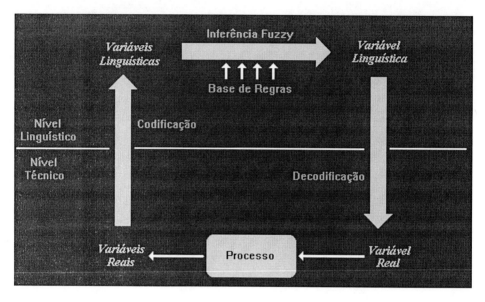

Estrutura completa de um controlador "fuzzy".

Uma vez que todos os valores das variáveis de entrada tenham sido convertidos nos respectivos valores lingüísticos, o processo de inferência "fuzzy" avalia o conjunto de regras que definem o comportamento do controlador. O resultado deste processo é novamente um valor lingüístico associado a uma variável lingüística de saída. Um novo processo chamado de defuzificação ou decodificação converte este resultado lingüístico em um valor real que representa o valor físico real da variável de saída.

O algoritmo principal do programa "SisFuzzy", desenvolvido pelo CENPES e pelo IME (Instituto Militar de Engenharia) durante um projeto CTPETRO/FINEP, procura seguir a estrutura apresentada no item anterior. Cada módulo que compõe o sistema possui uma interface própria com o usuário, de forma a permitir uma máxima flexibilidade para alterações no sistema. Estes módulos ou componentes são descritos com detalhes a seguir.

A interface com o usuário permite que sejam definidos os componentes principais da estrutura do Controlador "Fuzzy":

- Variáveis Lingüísticas de entrada;
- Variáveis Lingüísticas de saída;
- Bloco de Regras;
- Bloco de Set-Point.

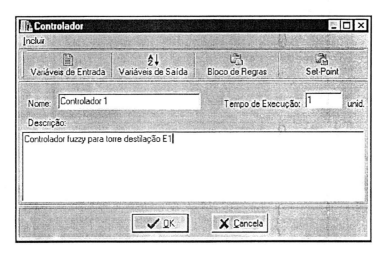

Definição inicial do controlador.

Cada controlador definido é unicamente identificado pelo seu nome, descrição, variáveis de controle e Bloco de Regras. O tempo de execução do controlador indica a periodicidade em que ele atua sobre o processo, na opção de operação. A figura 3.33 mostra a tela inicial de definição do controlador. A figura 3.34 mostra a tela que permite editar o controlador e entrar no modo de simulação.

3.13.1 - Inclusão das variáveis e termos lingüísticos.

Inicialmente são definidas as variáveis lingüísticas do sistema, que representam o "vocabulário" sobre o qual as regras de controle atuam. Cada variável lingüística recebe um nome e atributos que a definem como sendo de entrada ou de saída, do tipo posição ou velocidade. Também é definido o range de valores possíveis para cada variável, sendo o padrão inicial definido como +1 e -1 (valores normalizados).

114 | *Sistemas inteligentes em controle e automação de processos*

Definição dos módulos do controlador.

Para cada variável lingüística escolhe-se o número de termos ou valores lingüísticos, o tipo de função de pertinência para cada termo e os parâmetros que caracterizam cada função de pertinência. Os parâmetros A1, A2 e A3 definem os limites de cada função dentro do domínio de cada variável lingüística (Figura 3.35).

Após a definição completa de cada variável lingüística, todos os seus termos lingüísticos são apresentados na tela, sendo possível a verificação e alteração de qualquer um de seus parâmetros, em qualquer momento antes e depois da simulação/operação.

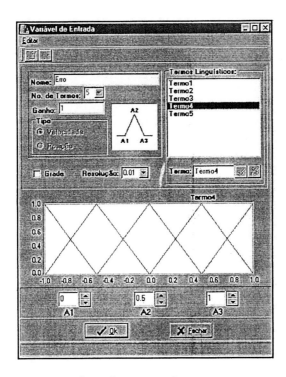

Inclusão das variáveis lingüísticas.

3.13.2 - Criação da base de regras

Para completar o projeto do Controlador "Fuzzy" deve ser criada uma Base de Regras para o controlador. A Base de Regras representa a estratégia de controle para o processo. Ela é formulada com base nas regras lógicas "fuzzy" contendo o conhecimento especializado de engenharia. Para definição das regras é apresentada uma lista das variáveis lingüísticas previamente definidas.

Uma vez que uma variável é selecionada, a lista de termos lingüísticos associada com esta variável, é apresentada ao usuário. Dessa forma as regras desejadas podem ser compostas selecionado-se os seus termos antecedentes (variáveis de entrada) e conseqüentes (variáveis de saída) com um mínimo de esforço. As regras definidas podem ser excluídas e alteradas a qualquer momento. As figuras 3.36 e 3.37 mostram este processo.

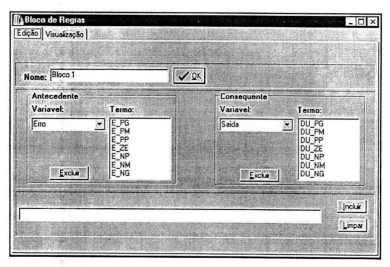

Criação das regras do Controlador.

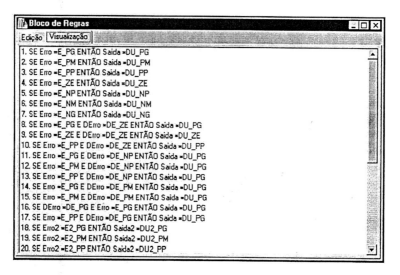

Visualização das regras do Controlador.

Após estas etapas de criação do controlador, ele já estaria pronto para ser exportado para outro ambiente, isto é, o "SisFuzzy" gera um código em C com o controlador projetado. Por exemplo, poderia ser exportado para o ambiente "StartUp", que é um gerenciador de executáveis da PETROBRAS em ambiente VMS. O "StartUp" já possui vários "drivers" de comunicação com os sistemas industriais de supervisão e controle.

O controlador "fuzzy" gerado e exportado, no caso para o "StartUp", deverá ser editado e posteriormente compilado neste ambiente. Para a edição, são definidas as variáveis de entrada e de saída, que são pontos da base de dados do "StartUp".

Para o caso de se desejar simular o controlador "fuzzy" dentro do programa "SisFuzzy", deve-se definir um "set-point" e um modelo para o processo. Esta simulação permite analisar e otimizar os parâmetros do controlador, como as funções de pertinência e as regras.

3.13.3 - Definição do set-point

O componente "set-point" tem como objetivo definir o comportamento do ponto de operação a ser aplicado no processo ao longo de todo o período de simulação. É possível definir inúmeras variações do "set-point" e o tempo de ocorrência de cada uma.

Após a definição do "set-point", fazemos a sua associação com a variável de processo correspondente, que é a saída de um modelo da planta.

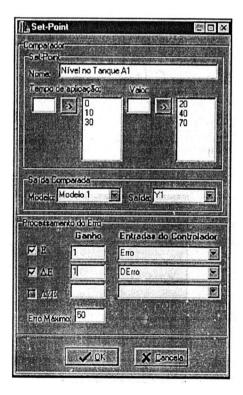

Definição do "set-point".

Internamente, o componente "set-point" realiza a operação de comparação com a variável de processo e o pré-processamento do sinal de erro obtido. O sinal de erro e as suas primeira e segunda variações em relação ao tempo de controle anterior podem ser obtidos automaticamente. Cada sinal obtido deve ser associado a uma das entradas do Controlador definidas anteriormente.

3.13.4 - Modelo para simulação

O primeiro passo na elaboração do modelo matemático do processo é a definição do seu número de variáveis de entrada e saída. Em seguida, representamos o modelo sob a forma de funções de transferência lineares de primeira ordem com tempo morto:

$$Y(s) = G(s)U(s)$$

$$\begin{bmatrix} y_1(s) \\ y_2(s) \\ M \\ y_m(s) \end{bmatrix} = \begin{bmatrix} G_{11}(s) & G_{12}(s) & L & G_{1n}(s) \\ G_{21}(s) & G_{22}(s) & L & G_{2n}(s) \\ M & M & O & M \\ G_{m1}(s) & L & L & G_{mn}(s) \end{bmatrix} \begin{bmatrix} u_1 \\ u_2 \\ M \\ u_m \end{bmatrix}$$

$$G_{ij}(s) = \frac{k e^{-st_m}}{s\tau + 1}$$

Onde:

k = ganho estático;

τ = constante de tempo;

t_m = tempo morto.

Definição do modelo do processo para simulação.

Definição dos parâmetros do modelo.

O componente de definição do modelo permite que sejam definidos os parâmetros k, τ e Tm de cada elemento "Gij" da matriz de funções de transferência de 1ª ordem. O mesmo componente realiza a associação das variáveis de entrada do modelo com as variáveis de saída de um Controlador "Fuzzy" definido anteriormente e também associa as variáveis de saída do modelo com algum componente "set-point" existente.

O software realiza internamente uma verificação de compatibilidade entre os componentes que formam a estrutura do sistema montado, isto é, verifica se o número de entradas e saídas do controlador e do modelo são compatíveis.

3.13.5 - Simulação e otimização "off-line"

No passo seguinte do desenvolvimento é realizada a simulação do protótipo projetado na primeira etapa. Esta simulação é implementada a partir do modelo matemático do processo previamente definido.

Para otimização "off-line" dos parâmetros do controlador analisamos a resposta no tempo. Todas as variáveis de interesse do processo podem ser apresentadas no gráfico. Variáveis provenientes de arquivos podem ser incluídas no gráfico para comparação de desempenho.

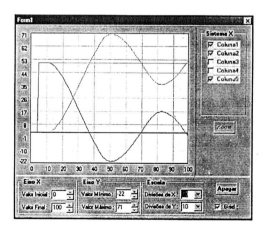

Resposta do controlador para a simulação.

O gráfico de resposta no tempo possui inúmeros recursos para apresentação do resultado da simulação, tais como:

- Definição da escala de tempo.
- Definição do número de divisões no 'grid'.
- Apresentação das curvas em gráficos individuais e opção de "Zoom".

De acordo com o desempenho desejado para o processo, efetuamos a sintonia dos parâmetros do controlador projetado através da alteração nos termos lingüísticos das variáveis de entrada e saída ou pela inclusão/alteração das regras "fuzzy".

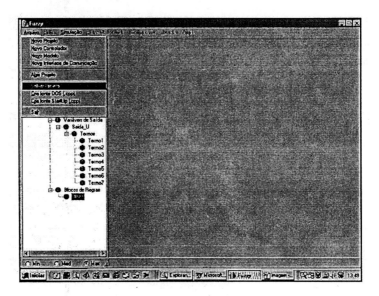

Gerenciador de Projeto.

3.13.6 - Gerenciador de projeto

O gerenciador de projeto permite que o usuário do programa possa, a qualquer momento da etapa de projeto, verificar a estrutura interna de cada componente que já tenha sido definido. Dessa forma, todos os parâmetros de qualquer um dos componentes podem ser visualizados e alterados se desejado, em qualquer momento e de forma direta.

Este gerenciador está posicionado na tela principal do programa e representa a melhor maneira de visualizar toda a estrutura do sistema projetado. Cada componente e seus respectivos parâmetros de configuração são apresentados sob a forma de ícones que permitem o acesso direto à tela com a interface responsável pela sua definição.

Parte 3.7

Outras aplicações industriais de controladores "Fuzzy"

3.14 - Controladores "fuzzy" para unidade de água ácida

Uma Unidade de Águas Ácidas de uma refinaria tem por objetivo tratar os efluentes aquosos da mesma. Injetam-se nas diversas unidades de uma refinaria (destilações, craqueamentos, tratamentos) tanto vapor d'água quanto a própria água líquida. Vários são os objetivos que levam a injetar vapor d'água nos processos. Por exemplo:

- Facilitar a separação ou destilação das frações do petróleo;
- Transportar catalisadores fluidizados de um ponto a outro;
- Aumentar a turbulência e a velocidade das correntes nos fornos diminuindo a formação de coque nos mesmos;
- Remover os componentes corrosivos dos hidrocarbonetos, como os ácidos naftênicos e vários sais.

Todo este vapor d'água irá se condensar nas unidades, será separado do óleo e vai gerar uma "água contaminada" que deverá ser tratada na unidade de águas ácidas antes de ser descartada para o meio ambiente, ou então antes de ser reutilizada no processo.

Esta unidade é composta de torres separadoras do gás sufídrico (H_2S) e da amônia (NH_3) da água. Estas torres são sensíveis às variações de vazão da carga. Dessa forma, elaborou-se um controlador "fuzzy" para uma unidade de águas ácidas que possuía três tambores ou vasos independentes de carga.

Os objetivos do controlador "fuzzy" eram os seguintes:

- Utilizar a recirculação da unidade, dentro de limites estabelecidos pelo operador, de forma a manter a vazão de alimentação das torres constante.
- Utilizar os três vasos de carga de forma integrada. Por exemplo, se um nível estiver subindo devido a uma perturbação e os outros estiverem estáveis, então pode-se diminuir a vazão desses vasos para a torre, fazendo com que os níveis deles também subam. Dessa forma, a vazão para as torres subiria de forma mais suave, minimizando a perturbação.

A figura 3.43 mostra um diagrama dessa unidade de águas ácidas, com os reciclos e as vazões de saída de cada vaso de carga, que são as variáveis manipuladas. As variáveis controladas são os níveis e a vazão de carga da torre.

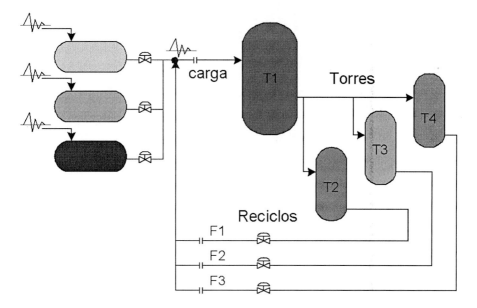

Figura 3.43 – *Sistema da Unidade de Águas Ácidas.*

Para a malha que manipula os reciclos a variável de entrada é o erro entre o valor desejado de vazão de carga da torre e a medição dessa vazão. De forma simplificada, as regras do controlador são:

Se (Vazão > Valor desejado) Então (Diminuir os reciclos segundo uma prioridade).

As funções de pertinência da variável erro são mostradas na figura 3.44. As funções de pertinência da "variação do erro" e das saídas são parecidas. A figura 3.45 mostra as regras do controlador "fuzzy" associadas aos reciclos. Nessa tabela, em função do "erro" e da "variação do erro" calcula-se a variação das vazões dos reciclos. Portanto, o controlador manipula os reciclos para manter a vazão de carga da torre o mais estável possível.

As regras para manipular os níveis dos vasos de carga de forma integrada podem ser simplificadas da seguinte maneira:

Se (nível do vaso 1 está normal) e (nível do vaso 2 está alto) **então** (diminuir a vazão de saída do vaso 1) e (aumentar a vazão de saída do vaso 2).

124 | *Sistemas inteligentes em controle e automação de processos*

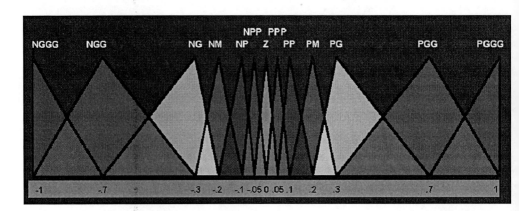

Figura 3.44 – *Funções de pertinência da variável "erro".*

dE \ E	NGGG	NGG	NG	NM	NP	NPP	Z	PPP	PP	PM	PG	PGG	PGGG	
-1 NGGG							NGGG	NGG	NG					1
-0,7 NGG							NGG	NG	NM					2
-0,3 NG							NG							3
-0,2 NM							NM	NP						4
-0,1 NP							NP	NPP	Z		PM	PG		5
-0,05 NPP							NPP	Z	PPP	PP		PG	PGG	6
0 Z	NGGG	NGG	NG	NM	NP	NPP	Z	PPP	PP	PM	PG	PGG	PGGG	7
0,05 PPP	NGG	NG		NP	NPP	Z	PPP							8
0,1 PP	NG	NM		Z	PPP	PP								9
0,2 PM					PP	PM								10
0,3 PG						PG								11
0,7 PGG				PM	PG	PGG								12
1 PGGG				PG	PGG	PGGG								13

Figura 3.45 – *Regras do controlador "fuzzy".*

3.15 - Controlador "Fuzzy" para Balanceamento dos Passes de um Forno

Em um forno industrial a vazão de carga, que é o fluído de processo a ser aquecido, costuma ser dividida em vários passes (tubulações) de forma a aumentar a área de troca térmica. Na saída do forno, estes passes voltam a se unir em uma única tubulação.

O problema que ocorre na prática é que muitas vezes as temperaturas de processo na saída de cada um destes passes estão muito diferentes. Logo, necessita-se de um controle para balancear ou para tentar diminuir esta dispersão das temperaturas. Este controle costuma atuar em válvulas manuais (HVs) que existem em cada um destes passes, fazendo com que as suas respectivas vazões aumentem ou diminuam.

Uma outra restrição que o operador deve acompanhar é a temperatura da parede do tubo (skin), ou seja, os tubos dos passes não podem ser submetidos a temperaturas superiores aquelas permitidas pelo material utilizado na fabricação destas tubulações. Existe portanto, esta restrição devido a resistência mecânica do material. O operador também deve se preocupar com a dispersão destas temperaturas de parede (skin) entre os passes do forno.

Em resumo, o objetivo de controle que o operador persegue na prática é o seguinte: balancear as temperaturas de processo na saída dos passes do forno, caso as temperaturas de parede (skin) e suas respectivas dispersões estejam aceitáveis.

Foi elaborado um controlador "fuzzy" para executar automaticamente esta estratégia de supervisão e controle com os seguintes objetivos:

- Monitorar e controlar as temperaturas de parede do forno abaixo de um valor máximo (TS_MAX) (conjunto de REGRAS3).
- Monitorar e balancear as temperaturas de parede, caso a dispersão esteja elevada (maior do que um parâmetro DTS_MAX) (conjunto de REGRAS2).
- Monitorar e balancear as temperaturas de saída do fluído de processo dos passes do forno caso as condições anteriores estejam satisfeitas (conjunto de REGRAS1).

Portanto, este controlador executa três estratégias de controle em função do ponto atual de operação do forno. Para isto foram implementados três conjuntos de REGRAS. Sendo que o conjunto de REGRAS 3 é o mais prioritário, depois é o conjunto de REGRAS 2, e finalmente se tudo estiver correto, executa-se o conjunto de REGRAS 1. A figura 3.46 mostra um esquemático desta arquitetura.

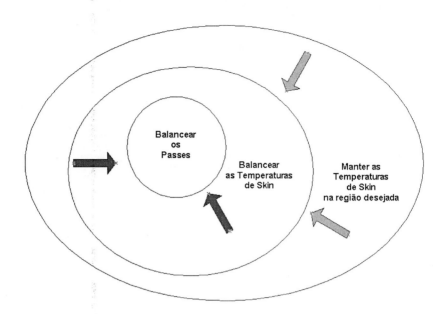

Figura 3.46 – *Conjunto de objetivos do controlador "fuzzy".*

As variáveis de entrada do controlador "fuzzy" são as seguintes:
- Temperaturas de parede (skin) dos passes (TSi)
- Temperaturas de processo dos passes (TPi)
- Abertura atual das válvulas HVs dos passes (Ui)

As variáveis de saída do controlador "fuzzy" são as seguintes:
- Novas aberturas das válvulas HVs dos passes (Ui)

A seguir serão mostradas as regras utilizadas pelo controlador. Caso as temperaturas de "skin" estejam normais e a dispersão das mesmas também, então o controlador executa um conjunto de regras (REGRAS 1) com o objetivo de balancear as temperaturas de processo dos passes (TPi).

Mas se a dispersão das temperaturas de parede ("skin") estiver muito alta, então o controlador executará um outro conjunto de regras (REGRAS 2) com o objetivo de balancear as temperaturas de parede (TSi).

E prioritariamente, se uma temperatura de parede do tubo de um passe estiver muito alta, então o controlador executará um outro conjunto de regras (REGRAS 3) com o objetivo de trazer esta temperatura para um valor aceitável (TSi). A seguir é mostrado o algoritmo do controlador de forma resumida.

Resumo do Algoritmo do Controlador "Fuzzy"

- **SE** { Todos os TSi estiverem menores que TS_MAX}
  ENTÃO
    - **SE** {Todas as dispersões [abs(TSi – TSj)] estiverem menores que DTS_MAX}
      ENTÃO
        - Aplicar conjunto de REGRAS 1 (balancear processo).

      SENÃO
        - Aplicar conjunto de REGRAS 2 (balancear skins).

  SENÃO
  - Aplicar conjunto de REGRAS 3 (controlar skins).

FIM

Para verificar se uma temperatura de parede está em uma região aceitável de operação será utilizada uma regra cujo antecedente é do tipo: [SE { TSi menor que TS_MAX}]. Será utilizada uma variável "fuzzy" para calcular este antecedente, conforme mostrada na figura 3.47.

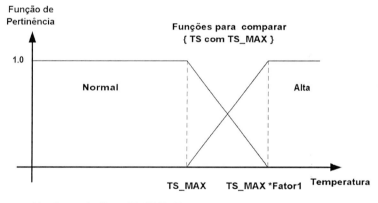

Figura 3.47 – Funções de pertinência da temperatura de parede (Alta e Normal).

Será mostrado a seguir um exemplo de um conjunto de REGRAS 1 para um forno com apenas 2 passes:

Conjunto de REGRAS 1

- Calcular o ERRO entre as temperaturas de processo = TP1 – TP2
- **SE** {ERRO é ZERO} **ENTÃO** {DU1 e DU2 são ZERO}
  Onde: DU1 – variação na abertura da HV do passe1
- **SE** {ERRO é POSITIVO}
  ENTÃO
    - **SE** { U1 é menor que 99% }
      ENTÃO { DU1 é POSITIVO }
      SENÃO { DU2 é NEGATIVO }
- **SE** {ERRO é NEGATIVO}
  ENTÃO
    - **SE** { U2 é menor que 99% }
      ENTÃO { DU2 é POSITIVO }
      SENÃO { DU1 é NEGATIVO }

Para se obter os valores lingüísticos do erro ou da dispersão entre as temperaturas do fluído de processo dos passes (NEGATIVO, ZERO e POSITIVO) utilizou-se as funções de pertinência mostradas na figura 3.48. As variáveis lingüísticas de saída (DUi) também possuem funções de pertinências semelhantes. A decodificação utiliza o método padrão do centro de área (COA).

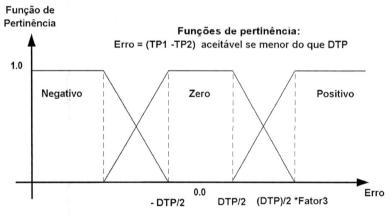

Figura 3.48 – Funções de pertinência do erro ou dispersão das temperaturas.

O conjunto de REGRAS 2 e REGRAS 3 são parecidos com o mostrado anteriormente. O funcionamento do controlador será descrito a seguir.

Capítulo 3 – Sistemas Inteligentes Baseados na Lógica "Fuzzy" | **129**

Como existem 3 conjuntos de regras, todas eles serão executados simultaneamente. O sistema irá ler as variáveis de entrada e calcular cada uma das saídas do controlador. Considere uma saída (Uj): o conjunto de REGRAS 1 calculará um novo valor para a posição desta válvula (Uj_1), o conjunto de REGRAS 2 calculará uma outra posição (Uj_2), e o conjunto de REGRAS 3 uma terceira posição (Uj_3). Mas como calcular a saída combinada do controlador? O algoritmo do controlador possui dois antecedentes que também são "fuzzy". Portanto, todos os antecedentes do algoritmo (parte SE) possuirão uma função de pertinência, e poderão a cada instante de execução calcular uma ativação respectiva (μi).

A seguir é mostrado novamente o algoritmo do controlador, para um certo instante de tempo, onde são calculadas as diversas ativações e saídas desejadas de cada um dos conjuntos de regras.

- **SE** { Todos os TSi menores que TS_MAX} **=> com ativação** μ_1
  ENTÃO
    - **SE** {Todas as dispersões [abs(TSi – TSj)] menores que DTS_MAX}
      => com ativação μ_2
      ENTÃO
        - Aplicar conjunto de REGRAS 1 => **Saída desejada Uj_1**
  SENÃO
        - Aplicar conjunto de REGRAS 2 => **Saída desejada Uj_2**
  SENÃO
        - Aplicar conjunto de REGRAS 3 => **Saída desejada Uj_3**
  FIM

A saída final do controle deverá considerar a contribuição de cada um dos conjuntos de regras, ponderados pelo seu respectivo antecedente "fuzzy" conforme a equação a seguir:

$$Uj = (\mu_1\mu_2)\ Uj_1 + (\mu_1(1-\mu_2))\ Uj_2 + (1-\mu_1)\ Uj_3.$$

A tabela 3.5 mostra que em função da ativação dos antecedentes do algoritmo do controlador "fuzzy" apenas um dos conjuntos de regras estará ativo. Como os antecedentes são "fuzzy" este algoritmo permite fazer uma transição suave entre um conjunto de regras para o outro.

Tabela 3.5 – Saída do controlador em função da ativação dos antecedentes.

Ativação μ_1	Ativação μ_2	Saída do controlador Uj
1,0	1,0	Uj_1
1,0	0,0	Uj_2
0,0	-	Uj_3

A figura 3.49 mostra a tela do sistema onde são configuradas as regras do controlador conforme o algoritmo descrito anteriormente. Pode-se observar que existem 16 regras configuradas no controlador "fuzzy", sendo que as 6 primeiras regras são as responsáveis pelo balanceamento das temperaturas de processo (REGRAS 1). As regras 7 até 12 são as responsáveis pelo balanceamento das temperaturas de parede (REGRAS 2). As regras 13 até 16 são as responsáveis, quando necessário, pelo controle das temperaturas de parede (REGRAS 3).

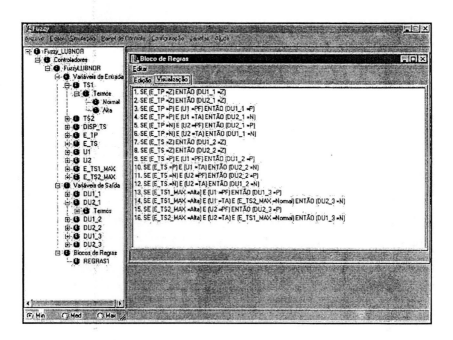

Figura 3.49 – Tela de definição das regras do controlador "FUZZY".

Este sistema foi implementado em uma unidade industrial da PETROBRAS como mais uma aplicação gerenciada pelo sistema de controle avançado e executa o seu algoritmo a cada 2 minutos.

3.16 - Controlador "Fuzzy" para Otimizar a Injeção de Vapor na Unidade

Uma unidade de destilação de petróleo necessita injetar vapor em vários pontos para facilitar a separação da sua carga nos diversos produtos. A quantidade de vapor a ser injetado depende do tipo de campanha da Unidade, isto é, se em um determinado momento se deseja produzir preferencialmente um produto 1, a quantidade de vapor é diferente daquela quando se deseja produzir o produto 2.

Além disto, o operador deve se preocupar com a capacidade máxima de vazão de água para a unidade de tratamento de águas ácidas. Caso esta vazão máxima seja atingida então deve-se minimizar a injeção de vapor na unidade de destilação, pois não existe mais capacidade de tratar este efluente.

Como o vapor utilizado é superaquecido em um forno, existe um controlador PID que monitora a temperatura máxima de saída deste vapor do forno e abre um alívio para a atmosfera em caso de temperatura alta, aumentando a vazão de vapor no forno e diminuindo a sua temperatura. Desta forma, evita-se que a temperatura atinja um valor limite para a resistência do material dos tubos.

Os problemas que ocorrem neste sistema é que muitas vezes o operado esquece, em função de outras atividades prioritárias, de ajustar adequadamente as várias vazões de vapor em função do tipo de campanha. Isto pode acarretar em certos momentos tanto um desperdício de água, quanto uma falta de vapor.

A interação da unidade de destilação com a unidade de tratamento também é esquecida muitas vezes, gerando uma dificuldade no tratamento e uma possível contaminação da água que será descartada. Em outras ocasiões, o sistema pode estar desperdiçando vapor para a atmosfera, pois a vazão de vapor para a unidade pode estar ajustado em um valor muito baixo, e os controladores que protegem a temperatura máxima de saída de vapor dos fornos pode estar aliviando vapor para a atmosfera.

Foi elaborado então, um controlador "fuzzy" para automatizar este procedimento. O objetivo deste controlador é seguir uma estratégia de otimizar as várias injeções de vapor na planta em função da campanha da unidade.

Este controlador irá respeitar as seguintes restrições:

- A carga de água ácida para a unidade de tratamento não poderá ser superior a um valor máximo.
- Se possível não se deve deixar as válvulas de alívio de vapor abertas na saída dos fornos para a atmosfera.
- Respeitar as vazões máximas e mínimas para cada injeção de vapor.

- Respeitar as razões máximas e mínimas entre as vazões de vapor e de produto associado para cada injeção de vapor.

A seguir serão detalhadas as variáveis de entrada, de saída e os parâmetros de ajuste do controlador "fuzzy".

Variáveis de entrada do controlador "fuzzy":

- Saídas dos controladores de temperaturas de vapor dos fornos.
- Vazões de vapor injetadas na planta.
- Vazões de produtos associados.
- Vazão de carga da unidade de tratamento.
- Chave digital que identifica a campanha de cada produto.

Variáveis de saída do controlador "fuzzy":

- Set-points para os controladores das vazões de vapor injetadas na planta.

A tabela 3.6 mostra as campanhas possíveis para um determinado produto, que neste exemplo é a "nafta pesada" (NP) e os parâmetros de ajuste respectivos.

Tabela 3.6 – Parâmetros e objetivos para o vapor associado a NP.

Campanha Objetivo	XI (chave)	XI (chave)	Vazão Vapor	Vazão Vapor	Razão (Vapor/NP)	Razão (Vapor/NP)
		MAX	MIN	MAX	MIN	
Petroquímica	1	3350	700	24 kg/m3	12	MIN
Diesel	2	3350	700	36	12	MAX
Outro	3	3350	700	36	12	MAX

Na tabela 3.6 observa-se que a "nafta pesada" pode ser alinhada para gerar os seguintes produtos: "nafta petroquímica", ou "diesel" ou outro. Caso seja uma campanha de "diesel" a chave digital (XI) estará indicando "2". Neste caso as vazões máximas e mínimas de vapor permitidas serão respectivamente 3350 m^3/d e 700 m^3/d. As razões entre a vazão de vapor e de "nafta pesada" também devem respeitar os limites de máximo (36 kg/m^3) e de mínimo (12 kg/m^3). Nesta campanha para "diesel" o objetivo para o vapor associado a "nafta pesada" é o de maximizar (MAX), isto é, se nenhuma restrição estiver ativa, deve-se buscar trabalhar com a razão máxima permitida.

Para cada uma das outras correntes da unidade (querosene, diesel leve, etc.) existirão tabelas como a 3.6, definindo os objetivos para o vapor assim como os batentes de vazões e razões máximos e mínimos.

Algoritmos Geral do Controlador "Fuzzy"

A seguir serão mostradas as regras utilizadas pelo controlador. Caso a carga para a unidade de tratamento esteja em uma faixa NORMAL de operação (abaixo do valor máximo) e as aberturas das válvulas de alívio para a atmosfera estejam abaixo do valor aceitável, então o controlador executa um conjunto de regras com o objetivo de ajustar as vazões de vapor conforme os objetivos da campanha dos produtos associados.

Mas se a carga para a unidade de tratamento estiver ALTA (acima do valor máximo), então o controlador irá tentar minimizar a injeção de vapor na unidade com as seguintes prioridades:

- Diminuir a vazão de vapor associado a corrente "z" de um valor tal que a carga da unidade de tratamento volte para uma faixa NORMAL, até o seu batente de vazão ou de razão mínima.

- Caso necessário, diminuir o vapor associado a corrente "w", conforme o procedimento anterior, e assim sucessivamente para as outras correntes da unidade de destilação.

Se as aberturas das válvulas de alívio para a atmosfera estiverem acima do valor aceitável (vapor sendo aliviado para atmosfera), então o controlador irá tentar maximizar a injeção de vapor na unidade com as seguintes prioridades:

- Aumentar a vazão de vapor associada a corrente "x" de um valor tal que as aberturas das válvulas de alívio para a atmosfera voltem para uma faixa NORMAL, ou até o seu batente de vazão ou de razão máxima.

- Caso necessário, aumentar o vapor associado a corrente "y", conforme o procedimento anterior, e assim sucessivamente para as outras correntes da unidade de destilação.

A seguir é mostrado em forma de regras o algoritmo do controlador.

- **SE** { Carga da unidade de tratamento de água está NORMAL}
  - **ENTÃO**
    - **SE** { Aberturas das TIC's para atmosfera estão NORMAIS}
    - **ENTÃO** { Em função da campanha levar as razões vapor/produtos para os valores ótimos desejados }
    - **SENÃO** { Executar a lógica para maximizar a vazão de vapor conforme a prioridade discutida acima }
  - **SENÃO** { Executar a lógica para minimizar a vazão de vapor conforme a prioridade discutida acima }
- **FIM**

O sistema foi implementado como descrito no item 3.15 deste livro, sendo todas as regras executadas paralelamente, e em seguida em função da ativação dos antecedentes é feita uma ponderação para se calcular a saída real do controlador.

Este sistema foi implementado em uma unidade industrial da PETROBRAS como mais uma aplicação gerenciada pelo sistema de controle avançado e executa o seu algoritmo a cada 2 minutos.

Estes exemplos de utilização de controladores "fuzzy" mostram a potencialidade desta técnica para valorizar as experiências operacionais transformando-as em sistemas automáticos, que podem contemplar e executar uma transição suave entre diversos objetivos operacionais, que muitas vezes podem ser conflitantes. Por exemplo, em função de uma certa condição pode-se desejar maximizar uma variável, enquanto em outra pode-se querer minimizar.

Capítulo 4

Sistemas Inteligentes Baseados em Redes Neurais

Parte 4.1

<u>Introdução às Redes Neurais</u>

4.1 - Introdução a redes de neurônios ou redes "neurais"

A utilização de redes de neurônios ou "neurais" não é nova. Em 1943, McCulloch e Pitts já se interessavam pelo problema de representar funções lógicas, como o "E" ou o "OU" lógico, através de um conjunto elementar de unidades de decisão. Eles definiram desta forma o "neurônio formal" a partir dos resultados da neurobiologia e propuseram arquiteturas para a realização de funções lógicas.

Nessa época, sabia-se implementar uma função booleana com a ajuda de redes de neurônios, mas não se dispunha infelizmente de um algoritmo capaz de aprender uma função booleana qualquer a partir de exemplos.

Em 1962 [Rosenblatt, 1962] propôs uma rede neural simples, o "perceptron", e conjuntamente um algoritmo de aprendizagem para essa rede. Os "perceptrons" eram ferramentas sedutoras para os pesquisadores da época, que estudavam a capacidade dessas redes de aprenderem todos os tipos de funções. Em 1969, o livro de [Minsky e Papert, 1969] constituiu uma reviravolta nessa área de pesquisas de redes neurais, pois mostrava as limitações teóricas do "perceptron", como a incapacidade do mesmo aprender a função lógica "OU-exclusivo". As pesquisas de sistemas "conexionistas" são praticamente abandonadas por mais de 10 anos. E durante esse tempo os defensores dos sistemas simbólicos assistem um grande progresso no campo da inteligência artificial.

Foi necessário esperar o trabalho de [Hopfield, 1982], e principalmente o de [Rumelhart et al., 1986], para relançar o interesse pelas redes neurais. Esses trabalhos propuseram um novo algoritmo para aprendizagem, chamado da retropropagação do gradiente (backpropagation), capaz de realizar tarefas bem mais complexas do que aquelas realizadas pelo "perceptron". Essa nova capacidade de aprendizagem dá um novo impulso aos sistemas baseados em redes neurais e também conhecidos por sistemas conexionistas.

4.2 - Fundamentos biológicos

Embora hoje seja comumente admitido que seria "perigoso" querer estabelecer um paralelismo rigoroso entre as redes neurais e o comportamento do cérebro humano, pode ser útil relembrar algumas noções básicas deste aspecto biológico, de maneira a facilitar a compreensão do conceito de redes neurais.

4.2.1 - O cérebro humano

Uma questão interessante é a seguinte: Mas afinal, para que serve o cérebro? Sabe-se que sem o cérebro o indivíduo está morto. O cérebro é portanto o elemento essencial do nosso ser. Mas qual é o objetivo do cérebro? A biologia nos ensina que os únicos seres vivos que têm cérebro são aqueles que apresentam alguma atividade motora. Os pequenos vermes da terra, ou os mais primitivos invertebrados dos mares, possuem um sistema nervoso. Entretanto, as plantas não possuem um sistema nervoso, pois elas não tem uma atividade motora.

Mas por que é necessário um cérebro para se deslocar de um ponto a outro? Porque não se pode mover eficientemente no espaço sem uma representação do mundo exterior. Se mover às cegas seria muito perigoso! É necessário sentir e ter uma idéia do mundo exterior. Logo, o desenvolvimento do cérebro facilitou o deslocamento dos animais.

O primeiro cérebro classificado como tal na face da terra foi o de um peixe [Davalo e Naim, 1990]. Esse cérebro representa um estado primitivo da evolução dos vertebrados. Ele era composto de três partes: uma anterior consagrada ao olfato, uma mediana, consagrada à visão, e uma outra posterior, consagrada ao equilíbrio.

A evolução das espécies a partir desse peixe passa por várias etapas antes do aparecimento do "homosapiens". Um dado que merece destaque e que resalta a importância do cérebro é que essa evolução foi sempre no sentido de aumentar a relação entre o peso do cérebro e o peso total do corpo, para todos os representantes de cada espécie.

Uma outra conclusão que se pode tirar dessa evolução é a tendência a uma dominação das espécies cuja relação peso do cérebro pelo peso total do corpo é mais elevada. Dominação que decorre de uma melhor adaptação ao meio ambiente e às suas transformações [Muller e Reinhardt, 1991].

Pode-se pensar que as atividades intelectuais, como provar um teorema matemático ou jogar xadrez, seriam extremamente difíceis, enquanto outras como ver e se deslocar seriam atividades fáceis.

Na realidade, os campos da robótica e da inteligência artificial, têm mostrado nos últimos 50 anos, que ver e se deslocar são atividades muito mais complexas. Hoje já existem programas de computador capazes de ganhar dos melhores jogadores de xadrez do mundo. Entretanto, não existe ainda um programa que saiba fazer uma máquina se deslocar em um ambiente complexo, como o ser humano consegue.

Se observarmos a evolução, este fato não é surpreendente. A evolução necessitou de um bilhão de anos para passar de uma célula única a um animal que soubesse se deslocar. Entretanto, foram necessárias apenas algumas centenas de milhares de anos para passar de um chimpanzé, que não faz nada de intelectual, à nossa espécie. Logo, parece que o passo a ultrapassar é bem menor.

4.2.2 - As células nervosas - neurônios

As células nervosas, chamadas de neurônios, são os elementos de base do sistema nervoso central. Estima-se que o número de neurônios seja da ordem de cem bilhões. Os neurônios possuem características particulares em relação às outras células do corpo humano, como por exemplo a capacidade de:

- receber sinais de outros neurônios vizinhos;
- integrar os sinais vindos de vários outros neurônios de forma a tirar uma conclusão;
- gerar e conduzir um sinal elétrico dentro do mesmo;
- transmitir um sinal a um outro neurônio capaz de recebê-lo.

Um neurônio é constituído de três partes: o corpo celular, os dendritos e os axônios (ver a figura 4.1). O corpo celular contém o núcleo do neurônio, e é responsável pelas transformações bioquímicas necessárias à síntese das enzimas e das outras moléculas que garantem a vida do neurônio. Este corpo celular é da ordem de grandeza de alguns microns de diâmetro.

Os dendritos são finas extensões tubulares de alguns décimos de microns de diâmetro, e de um comprimento de algumas dezenas de microns. Eles se ramificam, o que os leva a formar uma espécies de arborescência em torno do corpo celular. Eles são os principais receptores do neurônio para captar os sinais que lhes são destinados.

O axônio, que é na realidade uma fibra nervosa, serve de meio de transporte para os sinais emitidos pelo neurônio. Ele é geralmente mais longo do que os dendritos (o seu comprimento varia de um milímetro a mais de um metro!), e se ramifica na sua extremidade onde se comunica com os outro neurônios.

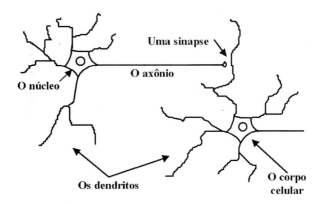

Figura 4.1 - *Um neurônio e o esquema da sinapse [Davalo e Naim, 1990].*

Para formar o sistema nervoso, os neurônios são conectados uns aos outros seguindo um arranjo espacial complexo. As conexões entre dois neurônios se fazem em lugares chamados de sinapses, onde estas células nervosas estão separadas por um pequeno espaço sináptico de alguns centésimos de microns.

O papel das sinapses é fundamental para a comunicação entre as células nervosas. Os sinais que se propagam dentro de um neurônio são de natureza elétrica. Entretanto, estes sinais elétricos não conseguem se propagar entre duas células nervosas, já que não existem ligações diretas entre as mesmas, em função do espaço sináptico. A comunicação se efetua através de substâncias químicas, chamadas de "neurotransmissores". O sinal elétrico que se propagou no axônio, ao chegar à sua extremidade, vai provocar a liberação de "neurotransmissores", que estavam armazenados no próprio axônio. Esta substância vai se difundir no espaço sináptico até se fixar nos receptores específicos, chamados de "neuro-receptores", localizados nos dendritos do neurônio-alvo. Esta fixação pode dar origem a um outro sinal elétrico dentro deste outro neurônio.

Estima-se que cada neurônio do cérebro humano tenha em média 10.000 conexões ou sinapses [Muller e Reinhardt, 1991], o que gera um total de um milhão de bilhões de conexões ($10^6 \times 10^9 = 10^{15}$)!

4.2.3 - Funcionamento das células nervosas - neurônios

De uma maneira simples, pode-se dizer que o neurônio processa as correntes elétricas que chegam dos seus dendritos, e se necessário, envia uma corrente elétrica resultante aos neurônios conectados ao seu axônio.

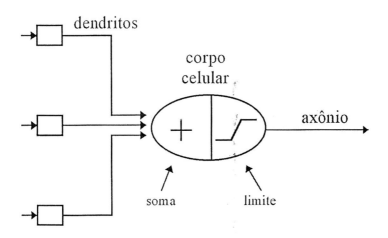

Figura 4.2 - *Modelo para o funcionamento do neurônio.*

142 | *Sistemas inteligentes em controle e automação de processos*

O esquema clássico apresentado pelos biólogos é aquele do neurônio efetuando uma soma dos sinais nervosos transmitidos pelos seus dendritos. Se esta soma ultrapassar um determinado valor, então o neurônio responde enviando um sinal que se propaga ao longo do seu axônio. No caso contrário, o neurônio permanece inativo. A figura 4.2 resume esse tipo de funcionamento do neurônio.

4.2.4 - Rede de neurônios

Quantos neurônios são somentes dedicados à visão, à audição, à sensação táctil? A neurobiologia nos ensina que muitos poucos, pois apesar de existirem regiões especializadas em certas funções, a maioria dos neurônios do cérebro são conectados entre si. Essa observação leva a considerar o cérebro como um sistema fechado, onde uma determinada interpretação, como por exemplo a cor de um objeto, é resultado da interação de milhões de células nervosas, que também podem participar de outras tarefas.

Como o ser humano só possui cerca de 100.000 genes e existem cerca de um milhão de bilhões de conexões ($10^6 \times 10^9 = 10^{15}$) entre as células nervosas, é de se esperar que essas conexões não possam ser completamente definidas geneticamente. Acredita-se que à medida em que as células nervosas se diferenciam, elas estabelecem suas conexões, isto é, os axônios tendem a "palpar" e procurar as células-alvos para estabelecer os contatos sinápticos. Os genes determinariam esses alvos, mas como existe uma grande incerteza em relação à posição exata dessas células, o organismo resolve o problema criando um número muito maior de conexões, que serão eliminadas na fase adulta ou de aprendizagem. Nessa fase, apenas as conexões realmente úteis serão mantidas.

O cérebro irá, dessa forma, criar inicialmente uma rede de neurônios com uma exuberância de conexões, e em seguida a experiência será responsável por selecionar as conexões realmente importantes durante um processo de aprendizagem. Logo, o cérebro será construído progressivamente em interação com o mundo exterior.

Apesar do cérebro só representar 2% da massa corporal, cerca de 1,4 quilos, ele consome 25% do oxigênio que respiramos, o que pode nos dar uma idéia da importância do seu funcionamento para o ser humano.

Baseados nos estudos do cérebro, nas idéias de redes de neurônios e nos modelos dos neurônios (figura 4.2), os pesquisadores propuseram as estruturas de redes neurais, ou redes de neurônios artificiais, que serão estudadas a seguir.

4.3 - Rede de neurônios artificial - multicamadas

A rede de neurônios multicamadas é um sistema artificial [Rosenblatt, 1962] composto de células elementares, chamadas de neurônios, organizadas em camadas sucessivas que são conectadas entre elas. De uma certa maneira, esse tipo de rede teve sua inspiração a partir da análise do sistema visual. A camada de entrada corresponderia à retina, a camada de saída à camada de decisão, e as camadas intermediárias às de associação. A figura 4.3 mostra a rede de neurônio multicamadas.

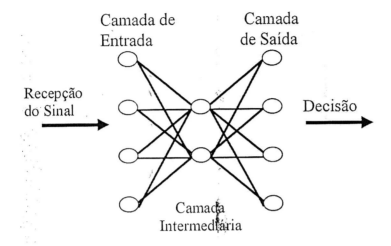

Figura 4.3 - Exemplo de uma rede de neurônios multicamadas.

Dessa forma, as redes neurais implementam uma interconexão massiva de células computacionais chamadas de neurônios artificiais ou unidades de processamento. Pode-se oferecer a seguinte definição alternativa para uma rede neural, vista também como uma rede adaptativa:

Uma rede neural é um processador paralelo distribuído de forma massiva que possui a capacidade natural de armazenar conhecimento por experiência adquirida e torná-lo disponível para uso. Suas características se assemelham ao funcionamento do cérebro em dois aspectos:

i) O conhecimento é adquirido pela rede através de um processo de aprendizagem.

ii) A força das conexões entre os neurônios, conhecidas como pesos sinápticos, é utilizada para armazenar o conhecimento.

Uma rede neural adaptativa, como o seu próprio nome indica, representa uma estrutura em rede cujo comportamento das relações entre os dados de entrada e saída é determinado pelos valores de uma coleção de parâmetros modificáveis. Mais especificamente, a configuração de uma rede neural é composta por um conjunto de nós (os neurônios) conectados através de conexões diretas, onde cada nó é uma unidade do processo que executa uma função estática sobre os seus sinais de entrada para gerar um único valor de saída, e cada conexão especifica a direção do fluxo do sinal, de um nó para outro. Normalmente, a função de cada nó é dada por uma função parametrizada, com parâmetros variáveis. Através da alteração desses parâmetros, o comportamento da função do nó é modificado, juntamente com o comportamento geral da rede.

144 | *Sistemas inteligentes em controle e automação de processos*

Conceitualmente, uma rede neural representa um mapeamento estático entre os seus espaços de entrada e de saída; esse mapeamento pode representar tanto uma relação linear quanto uma relação altamente não-linear, dependendo da sua estrutura (organização dos nós e conexões) e da função associada a cada nó. O objetivo dessa teoria é construir uma rede que seja capaz de realizar um mapeamento não-linear, regulado por conjuntos de dados entrada--saída do sistema em questão. Esses dados formam o conjunto de dados de treinamento, e o procedimento seguido para o ajuste dos parâmetros, de modo a aperfeiçoar o desempenho da rede, é chamado regra de aprendizagem ou algoritmo de aprendizagem.

Normalmente, o desempenho de uma rede neural é avaliado através da discrepância entre a saída desejada e a saída da rede sob as mesmas condições para o espaço de entrada, mas com um conjunto de dados de validação, isto é, que não foram utilizados durante a aprendizagem.

Essa discrepância é chamada de medida de erro e pode assumir formas distintas para aplicações diferentes. De modo geral, uma regra de aprendizagem é derivada da aplicação de uma técnica específica de otimização para uma determinada medida de erro.

4.3.1 - O neurônio artificial

Elemento de base de toda rede "neural", o neurônio artificial é um processador não--linear (geralmente simulado no computador, e algumas vezes implementado em circuitos eletrônicos) que a cada instante discreto "k", calcula o seu potencial "$v_i(k)$" e a sua ativação "$z_i(k)$" da seguinte maneira:

$$z_i(k) = f_i(v_i(k)) \quad \text{onde} \quad v_i(k) = \Sigma_{J \in P_i} (w_{ij} \circ z_{i-1}(k))$$

"Pi" é o conjunto dos neurônios da rede conectados ao neurônio "i". O potencial "$v_i(k)$" é uma soma dos valores das atividades dessas unidades ponderadas pelos coeficientes ou pesos das conexões "w_{ij}". A função de ativação do neurônio "f_i" é geralmente não-linear. Ela pode ser a função de distribuição de Heaviside, uma sigmóide, uma função radial etc. Um "neurônio linear" é um simples somador, cuja função de ativação é a identidade.

4.3.2 - Rede neural - rede de neurônios artificial

Os neurônios artificiais descritos anteriormente são geralmente organizados em camadas. Cada uma destas camadas são totalmente conectadas à camada seguinte e à anterior. O sinal que chega à camada de entrada se propaga, camada a camada, até a saída. Todos os neurônios de uma camada calculam suas saídas simultaneamente (paralelismo da rede neural multi-camadas [Minsky e Papert, 1969]). Dessa forma, os parâmetros que caracterizam uma rede multicamadas são os seguintes: número de camadas, número de neurônios por camada, escolha das conexões, tipo de funções de ativação dos neurônios, e peso de cada uma das conexões.

Uma rede neural pode ter ou não uma retroalimentação. Uma rede em malha aberta ou sem retroalimentação (estática) se caracteriza por não possuir uma malha fechada ou ciclo. Ela representa geralmente uma relação algébrica não-linear entre suas entradas e saídas. Uma rede fechada ou com retroalimentação (dinâmica) possui pelo menos uma malha fechada ou ciclo. (figura 4.4).

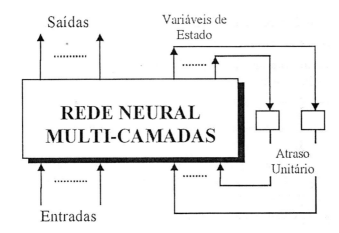

Figura 4.4 - *Exemplo de uma rede de neurônios com retroalimentação.*

Em resumo, uma rede neural é uma estrutura paralela e distribuída de processamento de informações, consistindo em uma série de "neurônios" artificiais interconectados.

4.3.3 - Propriedade de aproximação universal das redes neurais

A propriedade de aproximação universal das redes neurais pode ser formulada da seguinte forma: para qualquer função determinística suficientemente regular, existe pelo menos uma rede de neurônios artificiais sem retroalimentação, possuindo uma camada intermediária, além da de entrada e de saída (neurônio linear), que aproxima esta função e suas derivadas sucessivas, no sentido dos mínimos quadrados, com uma precisão arbitrária. Este teorema só se aplica quando as funções de ativação dos neurônios das camadas intermediárias possuem certas propriedades particulares que não serão desenvolvidas aqui (as funções sigmóides satisfazem estas condições).

Essa propriedade de aproximação universal não é específica das redes neurais: os polinômios, as séries de Fourier, as funções "splines" possuem essa mesma característica. O que diferencia as redes dos outros "aproximadores universais" é a sua parcimônia: para obter um determinado nível de aproximação a rede neural utiliza menos parâmetros que os outros "aproximadores" [Hornik et al., 1994]. Essa vantagem é particularmente interessante do ponto de vista de tempo de cálculo e da quantidade de informações necessárias à estimação dos coeficientes da rede. Outra vantagem das redes é a sua capacidade de lidar com problemas de grandes dimensões.

4.3.4 - Generalidades sobre o processo de aprendizagem

A implementação de uma rede neural multicamadas passa geralmente por três etapas:

- A definição das entradas e saídas da rede;
- A escolha da arquitetura da rede (número de camadas, número de neurônios por camada, escolha das conexões);
- O ajuste dos pesos das conexões ou aprendizagem da rede.

Uma vez definidas as entradas e saídas da rede, deve-se definir a arquitetura, que consiste em determinar o número de camadas, o número de neurônios por camada e escolher as conexões. Uma arquitetura muito simples corre o risco de subestimar a complexidade do problema. E inversamente, a escolha de uma arquitetura muito complexa para o problema pode levar a uma rede extremamente boa para os exemplos fornecidos, mas com péssimo desempenho para novos exemplos, isto é, com uma péssima capacidade de extrapolação. Este problema, ligado à concepção de uma rede neural, é conhecido pelo nome de dilema da aprendizagem.

O ajuste dos pesos das conexões é chamado de aprendizagem da rede, e no caso de uma aprendizagem supervisionada consiste no seguinte procedimento:

- Apresentar à rede um conjunto de pontos (entradas e saídas desejadas);
- Minimizar uma função "custo" (por exemplo, o desvio entre a saída da rede e o valor desejado).

É importante que o conjunto de dados fornecidos à rede durante o processo de aprendizagem seja suficientemente rico de forma a cobrir, tanto quanto possível, todo o domínio esperado de funcionamento da rede. O número de pontos ou exemplos usados durante a aprendizagem também deve ser suficientemente grande em relação ao número de coeficientes da rede. É interessante observar que a necessidade de possuir um número suficiente de exemplos representativos do problema em questão não é uma limitação das redes neurais, mas uma limitação de todos os métodos estatísticos. Entretanto, em função da propriedade de parcimônia, esta limitação é mais fácil de ser atendida no caso das redes neurais.

A aprendizagem de uma rede neural é desta forma definida como um problema de otimização, que consiste em obter os coeficientes da rede que minimizam uma função custo "J". Por exemplo, nós podemos definir uma função custo "J" na iteração 'i' pela seguinte equação:

$$J(w,i) = \frac{\sum_{k=1}^{N}\left(D(k)-O(k,i)^{T} * Q * \left(D(k)-O(k,i)\right)\right)}{N}$$

onde "w" representa os coeficientes ou pesos da rede na iteração 'i', "Q" é uma matriz definida positiva, "D(k)" é o vetor de saídas desejadas para o exemplo 'k', "O(k,i)" é o vetor de saídas da rede para o exemplo 'k' na iteração 'i', e "N" é o número de exemplos ou dados do conjunto de aprendizagem.

A aprendizagem consiste em determinar os pesos das conexões que são responsáveis por um erro da rede, e a modificá-los de forma a diminuir esse erro. Esse problema pode ser resolvido pelo algoritmo da retropropagação do gradiente [Rumelhart et al., 1986], que executa uma busca guiada pelo gradiente para uma rede de multicamadas. A cada iteração, isto é, uma passagem por todos os exemplos ou dados do conjunto de aprendizagem, o algoritmo modifica as conexões ou pesos da rede segundo a fórmula:

$$\Delta w = -\lambda * \frac{\partial J}{\partial w}$$

A convergência desse método é assegurada em função da escolha da taxa de aprendizagem (λ), mas o ótimo obtido é local. Esse ótimo local depende fortemente das condições iniciais dos pesos da rede. Dessa forma, utilizando-se esse algoritmo, não se pode estar seguro de se ter a melhor rede após a aprendizagem.

Em resumo, a maioria das redes aprendem modificando os pesos das conexões. O desafio é desenvolver uma lei de aprendizagem que guie efetivamente o vetor de pesos na direção do melhor desempenho da rede.

Esta fase de aprendizagem também é conhecida como etapa de treinamento da rede. Este treinamento pode ser classificado em três categorias: supervisionado, por estímulo ou por auto-aprendizagem. A seguir serão descritos esses tipos de treinamentos das redes neurais.

Treinamento supervisionado

Esse tipo de treinamento supõe que o sistema possui um vetor de entradas e um vetor de saídas, e que existe um conjunto de exemplos desejados ou corretos.

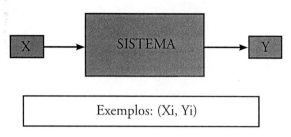

Figura 4.5 - *Treinamento supervisionado.*

Treinamento por estímulo

Nesse tipo de treinamento a rede recebe em intervalos de tempo regulares, o que pode englobar múltiplos conjuntos de entrada/saída, um grau (recompensa ou punição) que representa alguma medida do desempenho da rede. Várias funções de custo podem ser usadas neste esquema de aprendizagem, desde um valor inteiro (+1, 0 ou -1) até um valor contínuo ($\int e^2 dt$).

A vantagem desse tipo de treinamento é que ele não precisa conhecer a resposta correta do sistema para cada entrada possível de forma a realizar a aprendizagem da rede. Entretanto, esse método não é tão fácil de ser aplicado na prática como o treinamento supervisionado, e só é utilizado em redes de dimensões pequenas.

Treinamento por auto-aprendizagem

Nesse tipo de treinamento, a rede se automodifica sem um exemplo ou um grau de recompensa, através de algoritmos, como os de competição, ou de geração de partições para classificações (clustering).

O algoritmo de aprendizagem por competição é baseado no conceito de recursos escassos, isto é, se os pesos de uma unidade de processamento aumentam, os de uma outra unidade devem diminuir. O cuidado nesses métodos é evitar que durante uma aprendizagem sejam destruídas informações já aprendidas anteriormente.

4.4 - Referências bibliográficas

[1]   Davalo,E. e Nain, P., 1990, " Des Réseaux de Neurones ", Ed. Eyrolles.

[2]   Harris, C.J., Moore, C.G. e Brown, 1993, " Intelligent Control - Aspects of Fuzzy Logic and Neural Nets ", World Scientific Publishing.

[3]   Hornik, K., Stinchcombe, M., White, H. e Aver, P., 1994, " Degree of approximation results for feedforward networks approximating unknown mapping and their derivatives ", Neural Computation, 6, 1262-1275.

[4]   Hopfield, J., 1982, " Neural Networks and physical systems with emergent collective computational abilities ", Proceedings of the National Academic of Sciences, USA, 81, 2554-2558.

[5]   McCulloch e Pitts, 1943, " A logical calculus of the ideas immanent in nervous activity ", Bulletin of Mathematical Biophysics, 5, 115-133.

[6]   Minsky, M. e Papert, S., 1969, " Perceptrons ", MIT Press, MA.

[7]   Muller, B. e Reinhardt, J., 1991, " Neural Networks: An introduction ", Springer-Verlag, NY.

[8]   Nascimento, C.L. e Yoneyama, T., 2000, " Inteligência Artificial em Controle e Automação ", Ed. Edgard Blücher Ltda.

[9]   Rosenblatt, F., 1962, " Priciples of Neurodynamics ", Spartan Books, NY.

[10] Rumelhart, D.E. e Hinton, G.E., 1986, "Learning Internal Representation by Back-propagating Errors", Parallel Distributed Processin, MIT Press, Cambridge, vol. 1, 318-362.

[11] Rumelhart, D.E., Hinton, G.E. e Williams, R.J., 1986, " Learning representations by back-propagating erros ", Nature, 323, 533-536.

Parte 4.2

Exemplos de Redes Neurais

Nesta parte do capítulo 4 serão descritas, de forma breve, algumas redes neurais utilizadas na prática com os seus respectivos métodos de aprendizagem.

4.5 - Perceptron

O perceptron foi a primeira rede neural que obteve sucesso prático [Hecht-Nielsen, 1990], e foi inventada por Rosenblatt (1958). Ele consiste de um ou mais elementos de processamento (neurônios artificiais), também chamados de perceptrons, como mostra a figura 4.6. A saída do perceptron será igual a 1 caso o somatório do produto de cada entrada pelo seu respectivo peso seja maior ou igual a zero. Caso contrário, a saída será igual a zero.

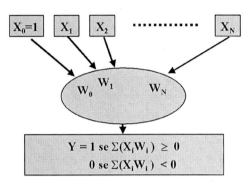

Figura 4.6 - O Perceptron.

O objetivo do perceptron é classificar o vetor de entradas X em dois padrões (classe 0 ou 1), conforme a figura 4.7. O perceptron é representado por um hiperplano, e conseqüentemente só pode classificar problemas que são linearmente separáveis. Durante o processo de aprendizagem, o perceptron tenta obter um vetor de pesos $W=(w_0, w_1, ... w_n)$ de tal forma a minimizar os erros de classificação. O objetivo do perceptron é que a sua saída seja 0 quando o vetor X for da classe "0", e 1 quando o vetor X for da classe "1".

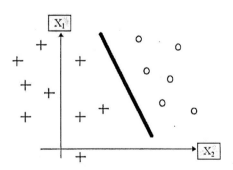

Figura 4.7 - O Perceptron após a aprendizagem.

Capítulo 4 – Sistemas Inteligentes Baseados em Redes Neurais | **153**

Os pesos do perceptron são automaticamente modificados em função da "lei de aprendizagem do perceptron". Essa lei de aprendizagem fica ativa durante a fase de treinamento do perceptron. Durante essa etapa, coloca-se na entrada do perceptron um determinado vetor de entrada X_I, e informa-se também qual a classe (saída esperada) deste vetor (Y_I). Em seguida calcula-se a saída do perceptron para este vetor de entrada que resulta em Y_{CAL}, e em função do erro "atualizam-se" os pesos do perceptron conforme a lei:

$$W_{NOVO} = W_{ANTIGO} + (Y_I - Y_{CAL}) * X_I$$

Continua-se a apresentar ao perceptron vários outros pontos ou dados de aprendizagem (X_I, Y_I) de uma forma iterativa, até que o perceptron não consiga mais melhorar o seu desempenho na classificação ou que o sistema pare em função de um outro critério. A idéia desse método de aprendizagem é que se o perceptron comete um erro na sua saída $(Y_I - Y_{CAL})$, então nós devemos reorientar o hiperplano W de tal forma que ele tenda a não mais cometer esse erro em particular. Observe que o erro só possui três valores possíveis: 0, 1 ou -1. Se for zero o perceptron acertou e os pesos não são corrigidos. Se for 1, o perceptron classificou a entrada como 0, quando deveria ser 1. Logo, os pesos serão ajustados no sentido de aumentar a saída futura do perceptron para aquela entrada, e desta forma tendendo a classificar X_I como 1. Isto é, o novo somatório $(\Sigma X_i W_i)$ será igual ao antigo mais um termo positivo, por isso o perceptron caminha no sentido de acertar a próxima classificação de X_I:

$$\Sigma (X_i W_i)_{NOVO} = \Sigma (X_i W_i)_{ANTIGO} + (1) * \Sigma X_i^2$$

Minsky e Paperts [1969] publicaram um trabalho mostrando que o perceptron não era capaz de modelar o "OU-EXCLUSIVO". Este fato é óbvio, pois o perceptron só é capaz de classificar sistemas "linearmente" separáveis. Entretanto, este trabalho deixou implícito que essa conclusão seria válida para todos os tipos de rede, e de certa forma isso diminuiu o interesse nessa área durante vários anos. Como já foi comentado na introdução deste capítulo, só em 1986 a área de neurocomputação teve um novo impulso com os trabalhos de Hoppield.

4.6 - Rede de Kohonen

Este tipo de rede é composto de várias unidades de processamento em paralelo. Cada unidade de processamento possui um conjunto de pesos (W_I) e uma função que calcula a distância entre entre estes pesos e o vetor de entrada (X). A unidade de processamento cujos pesos forem mais próximos do vetor de entrada ganha a competição e tem a sua saída ativada $(Z_I=1)$, enquanto as saídas dos outros "neurônios" ficam desativadas $(Z_I=0)$. A figura 4.8 a seguir mostra uma rede de Kohonen:

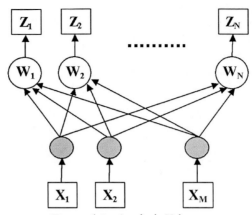

Figura 4.8 - A rede de Kohonen.

A lei de aprendizagem da rede de Kohonen é a seguinte:

$$W_I^{NOVO} = W_I^{ANTIGO} + \alpha * (X - W_I^{ANTIGO}) * Z_I$$

O parâmetro α controla a velocidade ou a taxa de aprendizagem e possui valores entre 0 e 1. Este parâmetro α pode ser variável durante uma simulação. Por exemplo, no início ele pode possuir um valor alto (0.8), e à medida em que a aprendizagem evolui, este valor pode ser diminuído até 0.1.

Esta lei de aprendizagem só atualiza os pesos da célula ganhadora ($Z_I=1$) e tende a igualar os pesos desta célula ganhadora ao vetor de entrada em questão (X_I). Dessa forma, durante o treinamento, os vetores de peso tendem a se concentrar nos pontos de entrada (X_I) mais comuns. A figura 4.9 a seguir mostra um esquema desta lei de aprendizagem [Kohonen, 1988].

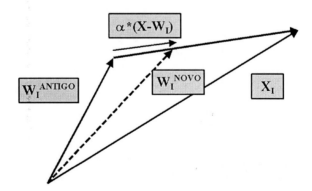

Figura 4.9 - Lei de aprendizagem da rede de Kohonen.

4.7 - Rede com lei de aprendizagem de Hebb

Hebb, em seu livro "The organization of behaviour" (1949), propõe uma teoria para a aprendizagem ao nível celular. Ele considera que quando um neurônio emite um pulso em função de uma informação vinda de uma determinada entrada (sinapse), esta estrada "aumenta" a sua capacidade de produzir novos impulsos no futuro (como se ela aumentasse o seu peso). Hebb postulou que o aumento da conexão (e portanto da memória) ocorre ao nível da sinapse. Atualmente, sabe-se que existem outras variáveis como por exemplo o número de conexões ou sinapses, e o metabolismo químico (neurotransmissores) que também podem variar.

O interessante desta lei de aprendizagem é que ela ocorre em função de "eventos" (por "coincidências") e através de recompensas ou punições ao nível celular.

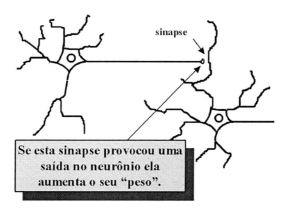

Figura 4.10 - Lei de aprendizagem de Hebb.

Esta lei de aprendizagem de Hebb pode ser usada em uma rede de associação linear (figura 4.11 a seguir) e é resumida pela equação:

$$W_I^{NOVO} = W_I^{ANTIGO} + Y_I * X_I$$

onde (Y_I, X_I) são os exemplos usados para a aprendizagem da rede, e os pesos são inicializados com zeros. Dessa forma, se existirem N exemplos $\{(X_1, Y_1), (X_2, Y_2), \ldots (X_N, Y_N)\}$, no final do treinamento o peso será igual a: $W_I = \Sigma (Y_J * X_J^T)$. Supondo que os valores de X_I desses exemplos são ortonormais ($||X_I|| = 1$, e ortogonais $[X_I * X_J = 1$ se I=J, ou 0 se I $\neq$ J]), então toda vez que esta rede for apresentada a um vetor X_K a sua saída será Y_K ($Y = W * X_K = \Sigma(Y_J * X_J^T) * X_K = Y_K$).

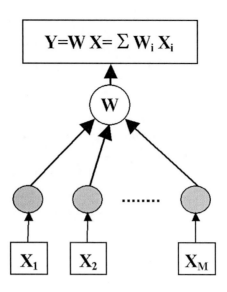

Figura 4.11 - Rede de associação linear.

4.8 - Rede ADALINE (ADAptive LINear Element)

A rede ADALINE também usa uma rede de associação linear (figura 4.11), mas o objetivo é obter um conjunto de pesos que minimize os erros entre as saídas da rede (y^R) e os seus respectivos valores desejados (y_i).

- Objetivo: Dado um conjunto de treinamento (x_i, y_i), obter o vetor de pesos W de tal forma a minimizar: $F(W) = \min \Sigma (y_i - y^R_i)^2$.

Lei de aprendizagem dos mínimos quadrados (LMS) ou de Widrow

O objetivo é partir de um vetor de pesos (W) e caminhar na direção de minimizar os erros, isto é, na direção oposta ao do gradiente [Widrow e Stearns, 1985]:

$\nabla F(W) = \nabla_W \{ \min \; \Sigma (y_i - y^R_i)^2 \}$

$\nabla F(W) = \min \; \Sigma \{ \nabla [(y_i - y^R_i)^2] \} = \min \; \Sigma \{ 2 * (y_i - y^R_i) * -\nabla(y^R_i) \}$

Como $y^R_i = W * X$ então: $\nabla (y^R_i) = x_i$, para um peso específico W_i.

$\nabla F(W) = \min \; \Sigma \{ 2 * (y_i - y^R_i) * (-x_i) \} = -2 * E[(y_i - y^R_i) * (-x_i)]$

A idéia de Widrow foi, ao invés de usar o valor estatístico da esperança $E[(y_i - y^R_i) * (-x_i)]$ para calcular o gradiente, usar o próprio valor pontual:

$\nabla F(W) \cong 2 * [(y_i - y^R_i) * (-x_i)]$

Dessa forma, a lei de aprendizagem dos mínimos quadrados é a seguinte:

$W_I^{NOVO} = W_I^{ANTIGO} + \alpha * (Erro_I) * (x_I)$ onde: $Erro_i = (y_i - y_i^R)$

O parâmetro "α" controla a velocidade ou a taxa de aprendizagem, e é obtido na prática por tentativa e erros. Ele não deve ser um valor grande, pois o método pode divergir, nem muito pequeno, pois a convergência seria muito lenta. Normalmente, o valor de α varia entre 0.01 e 10.

4.9 - Rede multicamadas e algoritmo da retropropagação

A rede com multicamadas que utiliza o algoritmo da retropropagação para a aprendizagem é uma das redes mais utilizadas atualmente, e foi o seu aparecimento que permitiu um novo impulso nesta área. Isto se deve ao fato que essa técnica permitiu a utilização de redes com arquiteturas mais complexas (com muitas camadas) capazes de resolverem diversos problemas práticos, que não podiam ser tratados com as redes anteriores.

Esse tipo de rede é capaz de aproximar uma função qualquer f: $A \subset R^N \to R^M$, o que é uma questão fundamental em muitas áreas: controle, reconhecimento de padrões, estatística etc.

Durante o processo de aprendizagem dessa rede, costuma-se inicialmente dividir os dados disponíveis em dois conjuntos: um conjunto para treinamento (80 a 90% dos dados) e um conjunto para testes (10 a 20% dos dados). O conjunto de treinamento permite observar a aprendizagem da rede, e o conjunto de testes permite observar a capacidade de generalização da mesma.

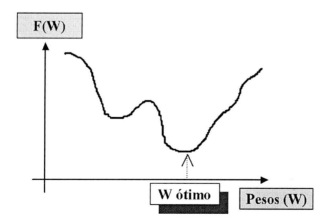

Figura 4.12 - *Critério de desempenho da rede em função dos pesos (W).*

A seguir, costuma-se escolher um critério para minimizar os erros entre os dados e a saída da rede. Este critério pode ser a soma dos quadrados dos erros, que penaliza mais os erros grandes e os erros freqüentes, ou pode ser a soma dos valores absolutos dos erros etc. Um vez definido o critério, pode-se ter uma superfície dos erros. O objetivo da aprendizagem é obter os pesos da rede que minimizem este critério, conforme a figura 4.12 acima.

O conjunto de dados para treinamento deve ser grande o suficiente e conter vários exemplos de todos os possíveis casos operacionais. Se o número de exemplos for pequeno, a melhor solução seria não usar uma rede, mas tentar modelar o problema usando leis matemáticas da físico-química do sistema, como as equações de balanço de massa e energia, ou correlações etc.

O conjunto de teste também deve ser rico e conter pelo menos um exemplo de cada caso real possível, de forma a validar a rede. O processo de aprendizagem é mostrado na figura 4.13 a seguir.

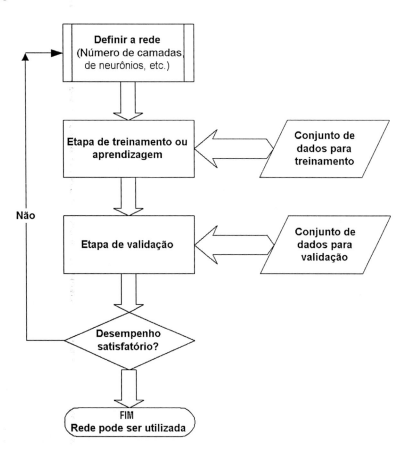

Figura 4.13 - *Processo de aprendizagem de uma rede.*

O conjunto de dados de teste não deve ser usado no treinamento da rede, pois algumas redes (como a da retropropagação) tendem a "aprender" os exemplos, isto é, durante a aprendizagem a rede tende a minimizar cada vez mais os erros entre a sua saída e os dados do conjunto de treinamento. Entretanto, os erros entre a saída da rede e os dados do conjunto de teste, que não são usados para treinamento, tendem a aumentar a partir de um certo grau de aprendizagem da rede. Em resumo, a partir de um certo ponto a rede perde a capacidade de generalização, enquanto a função objetiva F(W) continua diminuindo para o conjunto de treinamento, ela começa a aumentar para o conjunto de teste. A figura 4.14 a seguir esquematiza este problema do super-treinamento.

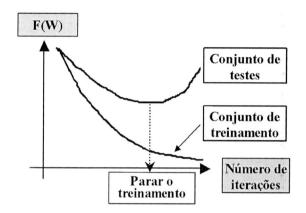

Figura 4.14 - Desempenho da rede para os conjuntos de dados e ponto ótimo para parar o treinamento.

Existe um teorema de Kolmogorov, que prova que uma rede com três camadas e com N neurônios na primeira camada, 2N+1 na intermediária e M na de saída, é capaz de aproximar qualquer função contínua: $f(x): R^N \to R^M$. A seguir serão fornecidos maiores detalhes do algoritmo de aprendizagem da retropropagação.

Descrição da rede de multicamadas

A rede com multicamadas que utiliza o algoritmo da retropropagação é uma rede hierarquizada, que pode possuir várias camadas, como o nome já indica, e é uma das redes mais utilizadas na prática (ver figura 4.15).

Uma pergunta importante é saber se essa rede converge para um mínimo global. Sabe-se que a superfície de erro dessa rede é muito plana, e conseqüentemente apresenta uma convergência lenta. Outro problema é que a superfície pode apresentar muitos mínimos locais, de forma que a inicialização dos pesos é uma etapa crítica, caso se deseje fugir desses mínimos locais.

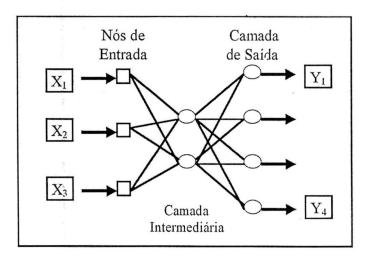

Figura 4.15 - Rede de multicamadas.

Descrição do algoritmo da retropropagação

O algoritmo da retropropagação possui duas etapas: uma de avaliação da rede "forward" e uma etapa "backward". Na etapa de avaliação submete-se a rede a uma entrada e calcula-se a saída da rede. Esta saída é comparada com o valor desejado, e calcula-se um erro. Este erro é retropropagado na etapa de "backward".

- Objetivo do algoritmo da retropropagação: Dado um conjunto de treinamento (x_i, y_i), obter o vetor de pesos W da rede de tal forma a minimizar:
$F(W) = \min \sum (y_i - y^R_i)^2$.

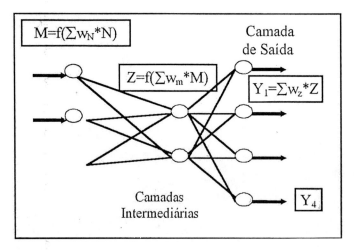

Figura 4.16 - Algoritmo da retropropagação.

Lei de aprendizagem da retropropagação

Para o desenvolvimento do algoritmo será considerada uma rede de multicamadas (Figura 4.16) com uma camada de saída (Y) e camadas intermediárias: (Z), (M) e (N).

O objetivo é partir de um vetor de pesos (W) e caminhar na direção de minimizar os erros, isto é, na direção oposta ao do gradiente:

$$\nabla F(W) = \nabla w\{ \min \Sigma (y_i - y^R_i)^2 \}$$

$$\nabla F(W) = \min \Sigma \{ \nabla [(y_i - y^R_i)^2] \}= \min \Sigma \{ 2 * (y_i - y^R_i) * -\nabla(y^R_i) \}$$

Como para a camada de saída $y^R_i = W_Z * Z$ então: $\nabla (y^R_i) = Z_i$, para um peso W_{zi}.

$$\nabla F(W) = \min \Sigma \{ 2 * (y_i - y^R_i) * (-z) \} = -2 * E[(y_i - y^R_i) * (-z_i)]$$

Aplicando também a idéia de Widrow, de usar, ao invés do valor estatístico da esperança $E[(y_i - y^R_i) * (-z_i)]$ para calcular o gradiente, usar o próprio valor pontual:

$$\nabla F(W_Z) \cong 2 * [(y_i - y^R_i) * (-z_i)]$$

Dessa forma, a lei de aprendizagem da retropropagação para a camada de saída (W_Z) é a seguinte:

$$W_Z^{NOVO} = W_Z^{ANTIGO} + \alpha * (Erro_i) * (Z_I) \qquad onde: \quad Erro_i = (y_i - y^R_i)$$

O parâmetro α controla a velocidade ou a taxa de aprendizagem, e é obtido na prática por tentativa e erros. Ele não deve ser um valor grande, pois o método pode divergir, nem muito pequeno, pois a convergência seria muito lenta. Normalmente, o valor de α varia entre 0.01 e 10. Existem algoritmos que variam automaticamente essa taxa de aprendizagem entre dois valores limites preestabelecidos.

Para a primeira camada intermediária o gradiente seria calculado da seguinte forma:

$$\nabla F(W_M) \cong 2 * [(y_i - y^R_i) * \partial y^R_i / \partial W_M]$$

$$\frac{\partial y_i^R}{\partial W_M} = W_{Zj} * \frac{\partial Z_J}{\partial W_M} = W_{Zj} * \frac{\partial f}{\partial K} * \frac{\partial K}{\partial W_M} = W_{Zj} * \frac{\partial f}{\partial K} * M_J$$

Onde: $K = \Sigma (W_{Mj} * M_j)$

Dessa forma, a lei de aprendizagem da retropropagação para a segunda camada (W_M) é a seguinte:

$$W_{Mj}^{NOVO} = W_{Mj}^{ANTIGO} + \alpha * (Erro_i) * W_{Zj} * \frac{\partial f (Z_j)}{\partial k} * M_j$$

onde: $Erro_i = (y_i - y^R_i)$

Portanto, o algoritmo da retropropagação é baseado na "regra da cadeia", e modifica um peso proporcionalmente a sua influência no erro $(yi - y^R_i)$ cometido pela rede. Para maiores detalhes consultar [Rumelhart et al., 1986] [Hecht - Nielsen, 1990].

4.10 - Rede neural de base radial

Uma Rede Neural de Funções de Base Radial (RNFBR) é uma rede neural de duas camadas em que os nós de saída formam uma combinação linear das funções de cada nó da camada intermediária. Uma função de base radial produz uma resposta localizada para uma entrada fornecida, em cada um dos nós da camada intermediária da rede. Ou seja, produz uma resposta significante apenas quando o vetor de entrada está associado a uma pequena região localizada do espaço de entrada. A Figura 4.17 mostra a estrutura da rede RNFBR.

Embora as implementações variem, a função de base radial mais comum é a função Gaussiana na forma:

$$b_i(x) = exp\frac{\left[(x-c_i)^T(x-c_i)\right]}{2\sigma_i^2}, \quad i=1,2,...J$$

onde :

$b_i(x)$: Saída do i-ésimo nó da camada intermediária.

x : Vetor de entrada.

ci : referência do i-ésimo nó da camada intermediária, isto é, o centro da função Gaussiana para o nó i.

σ_i^2 : é o parâmetro de normalização para o i-ésimo nó.

J : é o número de nós da camada intermediária.

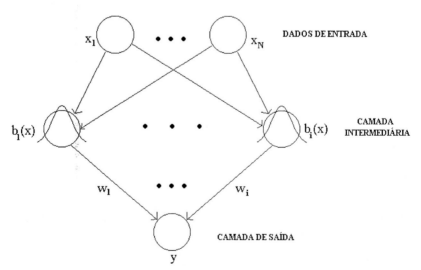

Figura 4.17: *Estrutura de uma rede neural de base radial (RNFBR).*

Capítulo 4 – Sistemas Inteligentes Baseados em Redes Neurais | **163**

O valor de saída dos nós pertence ao intervalo [0,1], de maneira tal que quanto mais próxima a entrada for do centro da Gaussiana, maior a resposta do nó. O nome função de base radial vem do fato de que as curvas Gaussianas são radialmente simétricas; isto é, cada nó produz um saída idêntica para entradas que estão localizadas a um distância radial fixa do centro c_i. A equação do nó de saída é dada por:

$$y = \sum_{i=1}^{J} w_i b_i (x)$$

onde,

y : saída da rede.

w_i: peso para o i-ésimo nó.

$b_i(x)$: saída do i-ésimo nó da camada intermediária.

A rede como um todo executa uma transformação de $\Re^N$ em $\Re$, formando uma combinação linear das saídas dos nós da camada intermediária.

A rede RNFBR pode ser utilizada para identificação de modelos e também para classificação e aproximação de funções. Em teoria, uma rede RNFBR é capaz de obter uma aproximação precisa para qualquer mapeamento contínuo e não-linear [Moody & Darken, 1989], [Xu & Zailu, 1987].

Existem várias abordagens utilizadas para o treinamento de uma rede RNFBR. A maioria delas divide o problema em dois estágios: aprendizado na camada intermediária, seguido pelo aprendizado na camada externa (nó de saída). O aprendizado na camada intermediária normalmente é realizado por algum método não supervisionado (algoritmo de agrupamento - "cluster"), enquanto o aprendizado no nó de saída é supervisionado (algoritmo LMS). Uma vez que uma solução é encontrada através dessa abordagem, um algoritmo de aprendizado supervisionado pode ser aplicado em ambas as camadas simultaneamente para que uma sintonia fina seja obtida para os parâmetros da rede.

4.11 - Referências bibliográficas

[1] Hebb, D., 1949, " The organization of Behavior ", Wiley, NY.

[2] Hecht-Nielsen, R., 1990, " Neurocomputing ", Addison-Wesley Publishing Company.

[3] Hopfield, J., 1982, " Neural Networks and physical systems with emergent collective computational abilities ", Proceedings of the National Academic of Sciences, USA, 81, 2554-2558.

[4] Kohonen, T., 1988, "Self-Organization and Associative Memory ", Second Edition, Springer-Verlag, Berlin.

[5] Kolmogorov, A.N., 1957, " On the representation of continuous functions of many

164 | *Sistemas inteligentes em controle e automação de processos*

variables by superposition of continuous functions of one variable and addition ", Dokl. Akad. Nauk., USSR, 114, 953-956.

[6] Minsky, M. e Papert, S., 1969, " Perceptrons ", MIT Press, MA.

[7] Moody, J., e Darken, C., 1989, " Fast Learning in Networks of Locally-Tuned Processing Units ", Neural Computation, vol.1, 281-294.

[8] Rosenblatt, F., 1958, " The perceptron : A probabilistic model for information storage and organization in the brain ", Phychol. Rev., 65, 386-408.

[9] Rosenblatt, F., 1962, " Priciples of Neurodynamics ", Spartan Books, NY.

[10] Rumelhart, D.E., Hinton, G.E. e Williams, R.J., 1986, " Learning representations by back-propagating erros ", Nature, 323, 533-536.

[11] Xu, C.W. e Zailu, Y., 1987, "Fuzzy Model Identification and Self-Learning for Dynamic Systems", IEEE Trans. Systems, Man and Cybernetics , vol. 17, 683-689.

[12] Widrow, B. e Stearns, S.D., 1985, " Adaptive signal processing ", Prentice-Hall.

Parte 4.3

Sistemas "Neuro-Fuzzy"

4.12 - Sistemas "Neuro-Fuzzy"

Pode-se definir um sistema "neuro-fuzzy" como um sistema "fuzzy" que utiliza um algoritmo de aprendizado derivado ou inspirado na teoria de redes neurais para determinar seus parâmetros (subconjuntos e regras "fuzzy") através do processamento de amostras de dados.

A lógica "fuzzy" permite que o comportamento de um sistema possa ser descrito apenas com relações do tipo "se-então". Na área de sistemas de controle, soluções "fuzzy" simples podem ser obtidas de forma direta e em menor tempo de projeto considerando as tarefas de modelagem e sintonia. Além disso, a estrutura dos sistemas baseados em lógica "fuzzy" permite utilizar todo o conhecimento do especialista do processo para a otimização do seu desempenho de maneira rápida e direta.

Ao mesmo tempo, em muitas aplicações o conhecimento disponível para a descrição do comportamento do sistema está restrito a um conjunto de dados experimentais. Neste caso, o projetista tem que obter as regras "fuzzy" diretamente destes dados, o que representa um esforço proporcional ao tamanho do conjunto de dados fornecido.

Quando um conjunto de dados experimentais contendo as informações necessárias para a descrição de um sistema está disponível, a implementação de redes neurais surge como uma solução eficiente para a tarefa de modelagem e controle, devido a sua capacidade de auto-aprendizagem a partir de dados de treinamento.

Embora existam várias abordagens diferentes, normalmente utiliza-se o termo "neuro-fuzzy" para as implementações que apresentam as seguintes características [Nauck et al., 1997] :

- Uma estrutura "neuro-fuzzy" é baseada em um sistema "fuzzy" treinado por um algoritmo de aprendizado derivado da teoria de redes neurais. O procedimento de aprendizado atua sobre regiões "fuzzy" restritas, baseando-se apenas em informações locais.

- Um sistema "neuro-fuzzy" pode ser visto como uma rede neural de várias camadas. Por exemplo, uma camada representa as variáveis de entrada, a camada intermediária representa as regras "fuzzy" e uma terceira camada representa a camada de saída.

- Um sistema "neuro-fuzzy" sempre pode ser interpretado como um conjunto de regras "fuzzy", antes, durante e depois da aprendizagem. Também é possível iniciar o sistema "neuro-fuzzy" sob a forma de regras "fuzzy" através do conhecimento a priori das características do processo.

- Um sistema "neuro-fuzzy" aproxima uma função n-dimensional que é parcialmente definida por seus dados de treinamento. As regras "fuzzy" codificadas dentro do sistema representam os dados de treinamento.

Sistemas "neuro-fuzzy" são usualmente representados como redes neurais de múltiplas camadas [Jang, 1993], [Jang e Sun, 1995] e [Berenji e Khedar, 1992]. Entretanto, outras arquiteturas de redes neurais também são utilizadas, tais como em [Vuoriamaa, 1994], onde os pesos de conexão e as funções de ativação e propagação diferem das redes neurais mais comuns.

Assim, os controladores "neuro-fuzzy" combinam a capacidade de aprendizagem das redes neurais com a capacidade de raciocínio dos sistemas "fuzzy". Dessa forma, elas formam uma estrutura que atualiza seus parâmetros em função de uma relação entrada-saída desejada.

Nesta parte do capítulo serão mostrados dois sistemas "neuro-fuzzy" diferentes: um baseado em hiper-retângulos e outro em uma rede de multicamadas.

4.13 - Rede neural composta por hiper-retângulos Fuzzy (RNHRF).

A representação simbólica da rede Rede Neural Composta por Hiper-retângulos Fuzzy (RNHRF) de duas camadas é mostrada na Figura 4.18. Uma rede neural "fuzzy" de duas camadas utiliza uma função de pertinência $p_j(x)$ como função de saída de cada nó j da camada intermediária. A função $p_j(x)$ mede o grau com que uma determinada entrada x está próxima de um padrão representado por um hiper-retângulo definido pelos limites $[m_{ji}, M_{j1}]x...x[m_{ji}, M_{j1}]$ [Leitão, 2000].

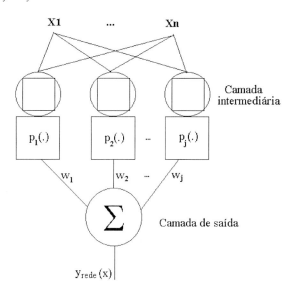

Figura 4.18: Representação simbólica de uma rede RNHRF de duas camadas.

A representação matemática da rede é mostrada a seguir:

$$y_{REDE}(x) = \sum_{j=1}^{J} w_j \cdot p_j(x)$$

onde:

$$p_j(x) = exp\left\{-s_j^2 \cdot \left[vol_j(x) - vol_j\right]^2\right\}$$

$$vol_j = \prod_{i=1}^{n}(M_{ji} - m_{ji})$$

$$vol_j(x) = \prod_{i=1}^{n}(M_{ji} - m_{ji}, x_i - m_{ji}, M_{ji} - x_i)$$

onde :

J : é o número de nós da camada intermediária.

$x = (x_1,...,x_n)^T$: é um vetor de entrada e n é o número de variáveis de entrada.

m_{ji} e M_{ji} : são os limites obtidos para os hiper-retângulos na partição do espaço de entradas.

w_j : é o peso da conexão entre o j-ésimo nó e o nó de saída.

S_j : é o fator de sensibilidade que regula o grau de pertinência.

A função de saída de uma rede RNHRF é uma combinação linear de J funções locais. De acordo com as equações anteriores, verifica-se que a função "p_j" fornece uma maior flexibilidade quanto a sua forma em comparação com a função Gaussiana, de acordo com a variação do parâmetro "s_j". Ela pode tanto apresentar características de funções do tipo degrau quanto do tipo Gaussiana, como mostrado na Figura 4.19 .

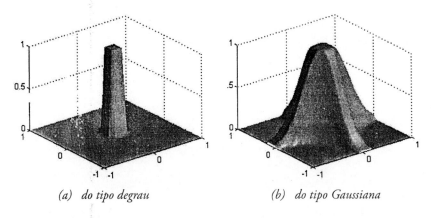

(a) do tipo degrau   (b) do tipo Gaussiana

Figura 4.19 - *Função "p_j" para diferentes fatores "s_j".*

A associação entre uma RNHRF e um sistema "fuzzy" tradicional é obtida interpretando-se as regras "fuzzy" da rede como:

SE $\{x \text{ é } p_j\}$ **ENTÃO** $\{y \text{ é } w_j\}$

Uma rede RNHRF de duas camadas pode ser treinada por diversos métodos como, por exemplo, pelo algoritmo de retropropagação [Rumelhart e Hilton, 1986], [Werbos, 1974], ou por algoritmos genéticos [Su e Chang, 1995]. Independente do método adotado, se o estado inicial do processo for bem escolhido, então a convergência do procedimento de treinamento pode ser bastante acelerada.

4.14 - Controlador "Neuro-Fuzzy"

A seguir será discutido um controlador "neuro-fuzzy" multicamadas, baseado em um sistema "fuzzy" na forma "Takagi-Sugeno".

4.14.1 - Controlador "fuzzy" na forma "Takagi e Sugeno"

Seja um controlador com "m" variáveis de entradas $X = [X_1,......,X_m]$ e "p" de saídas é $Y=[y_1,......,y_p]$.

A base de conhecimentos "fuzzy" do controlador é um conjunto de regras na forma Takagi e Sugeno, por exemplo:

Regra "j": Se $\{X_1 \text{ é } A_{1j}\}$ e $\{X_2 \text{ é } A_{2j}\}$ e $\{X_m \text{ é } A_{mj}\}$

ENTÃO $\{y_1 \text{ é } f_1^j\}$e ... e $\{y_p \text{ é } f_p^j\}$

Onde:

f_l^j é a saída da j-ésima regra associada ao l-ésimo componente de saída y_l

$\left(f_l^j = w_{0l}^j + w_{1l}^j.X_1 +...+ w_{ml}^j.X_m\right)$

$w_{0l}^j, w_{1l}^j, w_{ml}^j$ são os coeficientes polinomiais (pesos) que conectam linearmente as variáveis de entrada à função conseqüente f_l^j;

$A_{1j},...,A_{ij},...,A_{mj}$ são os termos ou valores lingüísticos dos subconjuntos "fuzzy" do espaço de entradas associado à j-ésima regra R(j).

Cada termo A_{ij} é associado a uma função de pertinência, que pode ser do tipo gaussiana "μ_{Aij}", e que determina o grau de pertinência com que um dado X_i satisfaz a A_{ij}.

$$\mu_{A_{ij}} = exp\left[-\frac{\left(X_i - m_{ij}\right)^2}{2\left(\sigma_{ij}^2\right)}\right]$$

onde m_{ij} e σ_{ij} são o centro e o desvio padrão da função de pertinência gaussiana, respectivamente. A ativação de cada regra (j) é obtida pelo operador "produto", isto é:

$$\mu_j(x_1,...x_m) = \mu_{A_{ij}}(x_1) \times ... \times \mu_{A_{mj}}(x_m)$$

Dessa forma, nestes sistemas "fuzzy" de Takagi e Sugeno, cada regra define uma região do espaço de entrada, onde a saída desejada é uma combinação linear das variáveis de entrada. A figura 4.20 mostra um exemplo.

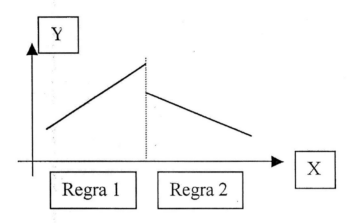

Figura 4.20 - Sistema "fuzzy" do tipo Takagi-Sugeno.

Dado um vetor de entrada "X", o k-ésimo componente de saída (y_k) do sistema "fuzzy" pode ser inferido como:

$$y_k = \frac{\sum_{j=1}^{N} \mu_j \cdot f_j^k}{\sum_{j=1}^{N} \mu_j}$$

A saída y_k acima é obtida pelo método da média ponderada (decodificação).

4.14.2 - Estrutura do controlador "neuro-fuzzy"

Neste exemplo, a estrutura do controlador "neuro-fuzzy" utilizada é mostrada na Figura 4.21. Ela é dividida em três partes: premissa, conseqüente e decodificação. A estrutura consiste em um conjunto de regras "fuzzy" baseadas nas regras Takagi e Sugeno (1985) cuja parte conseqüente é formada por polinômios lineares das variáveis de entrada (premissa).

Capítulo 4 – Sistemas Inteligentes Baseados em Redes Neurais | **171**

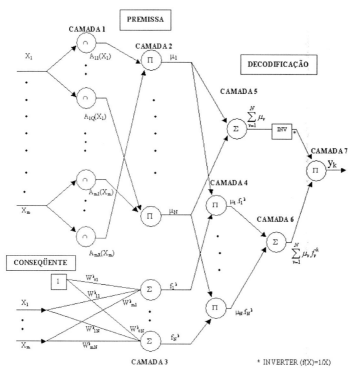

Figura 4.21 *- Estrutura do controlador "neuro-fuzzy".*

A parte premissa desta rede consiste das seguintes camadas:

Camada 1: cada nó representa uma variável lingüística do espaço de entrada com função de pertinência (FP) gaussiana, cuja saída é um possível antecedente de uma das regras "fuzzy". Por exemplo, o nó "$A_{11}(X_1)$" é um termo lingüístico da variável de entrada "X1":

- $A_{11}(X_1)$ - poderia representar X_1 "muito baixa";
- $A_{1Q}(X_1)$ - poderia representar X_1 "muito alta".

O número "Q" de valores lingüísticos depende do problema em questão. De forma equivalente, o nó "$A_{m1}(X_m)$" poderia representar que a variável "X_m" está "baixa".

Camada 2: cada nó representa uma regra "fuzzy", tendo como saída a ativação da regra para uma determinada entrada (utilizou-se o operador produto para as saídas da camada 1; outra opção seria usar o operador "mínimo"). Por exemplo, o nó "μ_1" representa uma regra cujos antecedentes são os nós "$A_{11}(X_1)$" e "$A_{mR}(X_m)$":

Regra: Se { X_1 é $A_{11}(X_1)$ } e { X_m é $A_{mR}(X_m)$ }

A ativação desta regra é o produto das funções de pertinência:

Ativação da regra "μ_1" = $A_{11}(X_1) * A_{mR}(X_m)$

Como as funções de pertinência variam entre 0 e 1, a ativação da regra também se encontra nesta faixa entre 0 e 1.

A parte conseqüente desta rede consiste das seguintes camadas:

Camada 3: cada nó representa um polinômio linear das variáveis de entrada cujos coeficientes são os pesos dos seus termos. A saída de um nó desta camada é o conseqüente desejado de uma regra "fuzzy" associada, por exemplo:

$f_1^k = w_{01}^k + w_{11}^k \cdot X_1 + ... + w_{m1}^k \cdot X_m$ é a saída desejada para a regra "μ_1" da camada 2.

Portanto, a regra "μ_1" completa seria:

Regra: **Se** { X_1 é $A_{11}(X_1)$ } e { X_m é $A_{mR}(X_m)$ } **então** { Saída y_k é f_1^k }

A parte de decodificação desta rede consiste das seguintes camadas:

Camada 4: a saída de cada nó é o produto da saída da camada 2 (ativação da regra) pela respectiva saída da camada 3 (conseqüente da regra).

Camada 5: a saída de cada nó é o somatório das saídas da camada 2 (que são as ativações das regras).

Camada 6: a saída de cada nó é o somatório das saídas da camada 4 (ponderação das saídas das regras pelas respectivas ativações).

Camada 7: cada nó representa uma saída do sistema, que é razão entre as camadas 6 e 5, por exemplo a saída y_k será:

$$y_k = \frac{\sum_{v=1}^{N} \mu_v \cdot f_v^k}{\sum_{v=1}^{N} \mu_v}$$

Pode-se observar que a equação de saída acima é igual à da saída do controlador "fuzzy" do tipo Takagi-Sugeno discutido anteriormente. Portanto, os parâmetros do controlador "neuro-fuzzy" podem ser interpretados como parâmetros de um controlador "fuzzy". Dessa forma ao utilizar um algoritmo de aprendizagem para a rede pode-se gerar automaticamente o sistema "fuzzy" desejado, como será discutido a seguir.

4.14.3 - Algoritmo de aprendizagem

O objetivo do processo de treinamento é determinar a estrutura (número de regras, número de funções de pertinência etc.) e os parâmetros (pesos, parâmetros das funções de pertinência) adequados das partes premissa e conseqüente do controlador "neuro-fuzzy". Portanto, a aprendizagem pode ajustar a estrutura do controlador "neuro-fuzzy" pelo acréscimo de novas funções de pertinência (camada 1) assim como de novas regras (camada 2), em função do desempenho do mesmo, a partir de um conjunto inicial de regras. A aprendizagem também deve atualizar os parâmetros, médias e desvios padrões (m e σ) das funções de pertinência gaussianas, bem como os pesos dos conseqüentes das regras (w) através de um algoritmo equivalente ao da retropropagação, para cada ponto de treinamento.

A seguir este algoritmo será detalhado. Inicialmente será discutida a aprendizagem da estrutura da rede e a seguir a dos parâmetros da mesma.

4.14.4 - Aprendizagem da estrutura

Seja Sj o conjunto de termos lingüísticos "fuzzy" associado à j-ésima entrada (X_j), tendo Q_j termos e N o número de regras.

Seja $X(t_k+1)$ o vetor de entrada no tempo discretizado "t_k+1". Este vetor de entrada alimenta o controlador "neuro-fuzzy", e podem-se calcular os níveis de ativação de todos os termos da camada 1. Assim, para cada entrada X_j calcula-se:

$$\mu_{MAX, Xj}=max(A_{j1}(X_j), L, A_{jp}(X_j))$$

onde "p" é o número de valores lingüísticos de X_j. Se este valor máximo for maior do que um parâmetro "δ", então o conjunto Sj mantém-se inalterado; caso contrário, uma nova função de pertinência e uma nova regra associada devem ser adicionadas ao controlador. Detalhes deste algoritmo podem ser obtidos em [Campos et al., 2002] e [Padilha, 2001].

4.14.5 - Aprendizagem paramétrica

A aprendizagem do controlador "neuro-fuzzy" passa também pelo ajuste dos seus parâmetros (centros e desvios das funções de pertinência gaussianas bem como os pesos das regras). Esta aprendizagem é ativada sempre que existe um "erro" considerável entre o desempenho desejado e aquele obtido pelo controlador. Por exemplo, pode-se estabelecer regiões de referência para uma mudança do ponto de operação. Quando as variáveis controladas estiverem dentro das suas respectivas regiões de referência o sistema de aprendizagem não mais altera os parâmetros e regras do controlador "neuro-fuzzy" $(E_k = 0)$. A Figura 4.22 mostra as regiões de referência de um sistema com duas variáveis controladas quando os pontos de operação sofrem uma perturbação degrau.

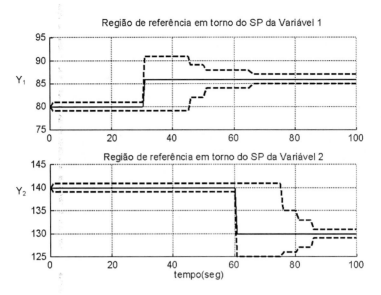

Figura 4.22 *- Regiões de referência que definem o desempenho desejado.*

Os parâmetros do controlador serão atualizados da seguinte forma:

$$m_{ij}(t+1) = m_{ij}(t) + \eta_m \frac{\partial E_k}{\partial m_{ij}}(t)$$

$$\sigma_{ij}(t+1) = \sigma_{ij}(t) + \eta_\sigma \frac{\partial E_k}{\partial \sigma_{ij}}(t)$$

$$w_{0j}^k(t+1) = w_{0j}^k(t) + \eta_w \frac{\partial E_k}{\partial w_{0j}^k}(t)$$

$$w_{ij}^k(t+1) = w_{ij}^k(t) + \eta_w \frac{\partial E_k}{\partial w_{ij}^k}(t)$$

onde: i=1,..,m; j=1,...,Q; k=1,...,p; η_m, η_ρ, η_w são as taxas de aprendizagem dos centros, desvios e pesos (são também parâmetros de sintonia do algoritmo de aprendizagem). Detalhes deste algoritmo também podem ser obtidos em [Campos et al., 2002] e [Padilha, 2001].

4.14.6 - Exemplo de aplicação: coluna desbutanizadora

Este controlador "neuro-fuzzy" foi aplicado a um sistema simulado de uma coluna desbutanizadora [Freitas et al., 1993]. A coluna desbutanizadora é usada para separar uma mistura de hidrocarbonetos em duas correntes: gás liqüefeito de petróleo (GLP) e nafta (gasolina). Os produtos de topo da torre são o GLP e o gás combustível, e o produto de fundo é a nafta.

A estratégia de controle é baseada numa estrutura onde o refluxo é usado para controlar a temperatura de topo da torre, e o fluido quente (HCO - "Heavy Cycle Oil") do refervedor é usado para controlar a temperatura de fundo.

O objetivo do controle é manter as variáveis controladas, que são as temperaturas de fundo (Tf) e de topo (Tp), nos valores desejados. As variáveis manipuladas são a vazão de refluxo de topo e a vazão de HCO que é o fluido quente do refervedor de fundo. A perturbação do processo é a vazão de alimentação.

Utilizaram-se dois controladores "neuro-fuzzy" para o controle da coluna, sendo um para a temperatura de topo (Tp) e outra para a de fundo (Tf). Cada controlador tem o mesmo conjunto de regras iniciais (26 regras). As variáveis de entrada de cada um são: o erro (E) e a variação do erro (dE) da variável controlada. A variável de saída é a variação da ação de controle (dU), isto é, vazão de refluxo para a temperatura de topo e vazão de HCO para a temperatura de fundo.

A Figura 4.23 apresenta o resultado da simulação apenas com os parâmetros iniciais (sem aprendizagem) para um tempo de simulação de 100 minutos.

Após 11 iterações a rede se estabilizou (cessou sua aprendizagem), isto é, não criou mais regras nem alterou os seus parâmetros, já que o desempenho do controlador ficou dentro dos limites estabelecidos pelas referências, como mostra a Figura 4.24.

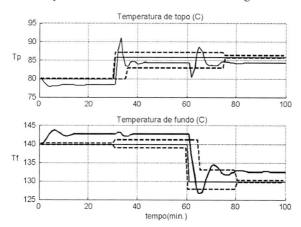

Figura 4.23 - *Saídas do processo (tp e tf). Sem aprendizagem.*

O número de regras dos dois controladores, correspondentes a ambas variáveis de saída, passou de 26 (inicial) para 28. Não houve aumento do número de funções de pertinência das variáveis de entrada.

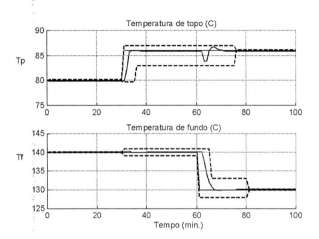

Figura 4.24 - Desempenho do controlador "neuro-fuzzy".

4.14.7 - Análise dos resultados

Os resultados obtidos neste exemplo para o controle de uma coluna desbutanizadora (processo MIMO) demonstraram a potencialidade do método de aprendizado do controlador "neuro-fuzzy" de forma a evoluir e melhorar o desempenho do sistema.

Observou-se que o sucesso da aprendizagem do controlador depende de uma escolha adequada dos domínios das variáveis de entrada, dos parâmetros das funções de pertinência, do conjunto inicial de regras e da definição das regiões de referência (desempenho desejado para o controlador).

4.15 - Referências bibliográficas

[1] Berenji, H. R. e Khedar, P., 1992, "Learning and Tunning Fuzzy Logic Controllers through reinforcements", IEEE Trans. Neural Network, vol. 3, 724 - 740.

[2] Campos, M., Padilha, P. e Pinheiro, G., 2002, " Aplicação de Controladores "neuro-fuzzy" para processos industriais", XIV Congresso Brasileiro de Automática (CBA-2002).

[3] Freitas M. S., Campos M, C. e Lima, E. L., 1993, "Dual Composition Control of a Debutanizer Column", ISA, Individual Paper Preprint, vol. 295, pp. 501 - 509.

[4] Jang, J.R., 1993, "ANFIS: Adaptative-Network-Based Fuzzy Inference System", IEEE Transactions on Systems, Man, and Cybernetics, vol. 23 no. 3, pp. 665 - 685.

Capítulo 4 – *Sistemas Inteligentes Baseados em Redes Neurais* | **177**

[5] Jang, J.R. e Sun, C.T., 1995, "Neuro-Fuzzy Modeling and Control", Proc. IEEE, vol. 83, N.3.

[6] Leitão, F., 2000, "Metodologia para Implementação de Controladores Fuzzy em Processos Petroquímicos Utilizando Redes Neurais", Dissertação de Mestrado, IME.

[7] Nauck, D., Klawonn, F. e Kruse, R., 1997, "Foundations of Neuro-Fuzzy Systems", Wiley, Chichester.

[8] Padilha, P.C., 2001, " Desenvolvimento de uma Metodologia de Sintonia de Controladores Fuzzy utilizando redes neurais. Aplicações em Processos Petroquímico ", Dissertação de Mestrado, IME, 2001.

[9] Rumelhart, D.E. e Hinton, G.E., 1986, "Learning Internal Representation by Back-propagating Errors", Parallel Distributed Processin, MIT Press, Cambridge, vol. 1, 318-362.

[10] Su, M.C. e Chang, H., 1995, " A real-valued GA-based Approach to Extracting Fuzzy Rules for System Identification ", Int. Joint Conf. On Fuzzy Theory and Applications ", 41-46.

[11] Takagi, T. e Sugeno, M., 1985, "Fuzzy Identification of Systems and its Aplication to Modeling and Control", IEEE Trans. Systems, Man and Cybernetics, vol 15, pp 116 - 132.

[12] Vuoriamaa, P., 1994, " Fuzzy Self-Organizing Maps ", Fuzzy Sets and Systems, 66, 223-231.

[13] Werbos, P., 1974, " New Tools for Predictions and Analisys in the Behavioral Science ", Tese de Doutorado, Universidade de Harvard..

Parte 4.4

Exemplos de Aplicações de Redes Neurais

4.16 - Exemplos de aplicações de redes neurais

Nesta parte do capítulo serão discutidos alguns exemplos de aplicações de redes neurais para identificar o modelo dinâmico de um processo, para obter uma medida da qualidade de um produto, e para a otimização de unidades.

4.17 - Rede para modelar uma resposta dinâmica de um processo

No exemplo a seguir será utilizada uma rede neural com o objetivo de modelar a resposta dinâmica de um processo. O processo escolhido é descrito pela seguinte equação diferencial:

$$\frac{d^2 y(t)}{dt^2} + \frac{dy(t)}{dt} + y(t) = u(t)$$

A função de transferência associada a este modelo é:

$$\frac{Y(s)}{U(s)} = G(s) = \frac{1}{s^2 + s + 1}$$

A resposta dinâmica desse processo para um degrau unitário é mostrado na figura 4.25. Observa-se que o ganho do processo é igual a um (1), ou seja, para uma variação de uma unidade na entrada, a saída também variou uma (1) unidade. A dinâmica do processo em malha aberta apresenta um comportamento oscilatório subamortecido.

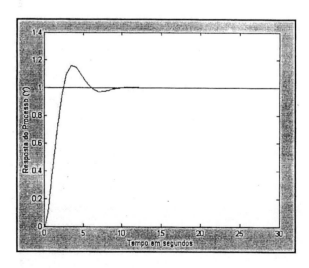

Figura 4.25 - *Resposta do processo em malha aberta a um degrau unitário.*

O objetivo do problema é obter uma rede neural que consiga prever a resposta dinâmica deste processo. O primeiro passo para a obtenção da rede é definir quais são suas variáveis de entrada. No caso específico, a escolha é simples, pois este processo é representado por uma equação diferencial de segunda ordem, podendo ser representado também através da seguinte equação de diferenças:

$$y(k) = \frac{(2+T_0) \times y(k-1) - y(k-2) + u(k)}{(1+T_0+T_0^2)}$$

onde "k" representa o instante ou tempo de discretização no qual a função é avaliada, e " é T_0 intervalo de tempo utilizado na discretização para aproximar a derivada por uma equação de diferenças $\frac{dy}{dt} \cong \frac{y(k)-y(k-1)}{T_0}$ As entradas da rede estão ilustradas na figura 4.26.

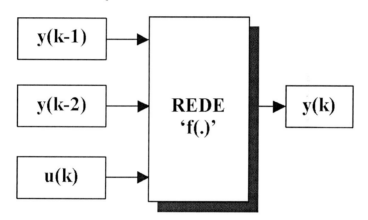

Figura 4.26 - Entradas da rede.

A função "f" deverá ser aprendida pela rede e irá representar o modelo do processo. Neste caso simples foi fácil escolher as variáveis importantes do processo que afetam o modelo desejado. Entretanto, em casos reais essa escolha pode ser mais complicada, necessitando de uma análise estatística e muitas vezes de um processo interativo. O procedimento geral para ajuste dos parâmetros da rede pode ser descrito por:
- escolha de um conjunto de variáveis de entrada iniciais;
- escolha da arquitetura (número de camadas, número de neurônios por camada, etc.)
- treinamento da rede;
- caso o desempenho não seja satisfatório, então devem ser escolhidas novas variáveis de entrada e/ou nova arquitetura (número de neurônios por camada, etc.), senão "fim".

O próximo passo é obter o conjunto de dados de treinamento. Esse conjunto de dados deve ser o mais rico possível. Nesse problema, para se obter um modelo dinâmico do processo, deve-se perturbar a variável manipulada de entrada "u" com diversos degraus de amplitudes e durações diferentes. Essa riqueza dos dados facilita a aprendizagem da rede. A figura 4.27 mostra os dados de treinamento da rede para esse exemplo com as curvas da perturbação na variável de entrada "u", da saída do processo discretizado "y", e a resposta da rede após o treinamento.

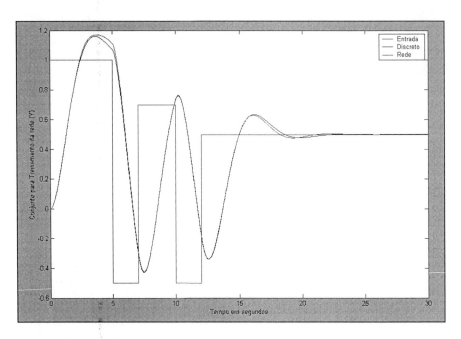

Figura 4.27 - *Treinamento da rede.*

A rede escolhida possui três camadas e foi treinada no ambiente "Matlab" [MATLAB, 1990]. Na camada de entrada existem três "neurônios" com função de ativação do tipo "tansig" (tangente sigmóide). Na camada intermediária existem sete "neurônios" com função de ativação também do tipo "tansig", e finalmente um "neurônio" na saída com função de ativação do tipo "purelin" (linear). Esta escolha de arquitetura da rede foi feita de forma empírica.

A figura 4.28 mostra a evolução do índice de desempenho durante o treinamento da rede. Pode-se observar que o método da retropropagação utilizado apresenta uma convergência lenta, mas após 500 interações o sistema foi capaz de convergir para um modelo dinâmico razoável.

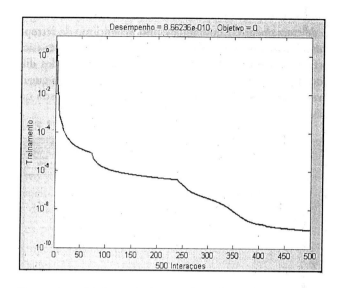

Figura 4.28- Evolução do desempenho ao longo da aprendizagem.

A resposta do modelo descrito pela rede neural a um degrau unitário é mostrada na figura 4.29. Observa-se que a rede foi capaz de aprender a dinâmica e também identificar o ganho estático desse processo de uma maneira relativamente eficiente.

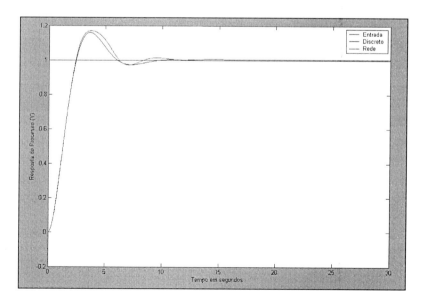

Figura 4.29 - Resposta da rede a um degrau unitário.

Este modelo de rede foi obtido após várias tentativas de aprendizagem, partindo do mesmo conjunto de treinamento. Entretanto, como o algoritmo da retropropagação pode ficar preso em mínimos locais, a rede pode ao final de 500 interações não convergir para um modelo aceitável. As figuras 4.30 e 4.31 mostram dois resultados diferentes obtidos em duas outras rodadas de treinamento da rede. A figura 4.30 mostra que o ganho estático da rede não convergiu para o valor de um (1.0). A figura 4.31 mostra que a rede gerou um modelo instável do processo.

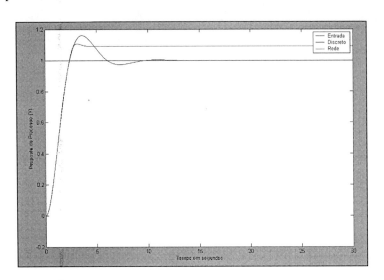

Figura 4.30 - *Desempenho da rede para uma outra rodada de treinamento.*

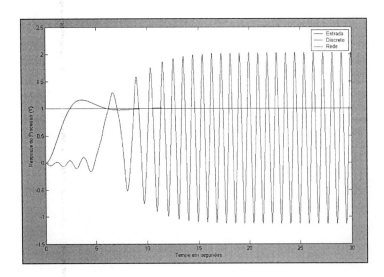

Figura 4.31 - *Modelo instável do processo gerado pela rede após o treinamento.*

Este exemplo mostrou que uma rede neural é capaz de aprender a dinâmica de um processo após seu treinamento. Foi comentada a importância da escolha das variáveis de entrada e da obtenção de um bom conjunto de dados de treinamento. Entretanto, observou-se que o processo de treinamento deve ser interativo com uma validação cuidadosa, uma vez que o modelo gerado pela rede pode chegar a ser instável.

4.18 - Redes neurais para inferência da qualidade dos produtos

Com o objetivo de se otimizar a operação das unidades industriais são necessárias informações a respeito da qualidade dos produtos. Na prática existem três possibilidades de se obter estes dados:

- Amostrar os produtos e enviar essas amostras para um laboratório.
- Utilizar equipamentos em linha, que são os analisadores, para medir continuamente a qualidade.
- Utilizar um cálculo, conhecido como inferência, para calcular a propriedade.

Os dados de laboratório são confiáveis mas costumam ser demorados e realizados com uma baixa freqüência (diários) em função dos custos envolvidos. Dessa forma, há uma dificuldade em utilizar os dados de laboratório em um sistema de otimização em tempo real.

A opção de se instalar analisadores é boa, desde de que se tomem os cuidados necessários com o sistema de amostragem em linha e com a manutenção e calibração do instrumento. Estes equipamentos são caros e apresentam um custo de manutenção também alto, mas permitem que se tenha uma informação da qualidade dos produtos a cada, por exemplo, 10 minutos. Estes dados podem entrar em um sistema de controle e otimização que atua constantemente no processo para corrigir os desvios. O problema é que atualmente ainda não existem analisadores em linha confiáveis para muitas das variáveis que se deseja monitorar em uma unidade industrial.

A última opção é desenvolver uma inferência da propriedade de qualidade desejada a partir de outras medições do processo. Estes cálculos são chamados de "soft-sensor", ou melhor, um sensor baseado em um programa de computador. As inferências podem utilizar várias técnicas:

- Modelos de regressão linear;
- Filtros de Kalman;
- Sistemas "fuzzy";
- Redes neurais;
- Modelos fenomenológicos.

Vasconcellos et al. (2002) desenvolveram uma inferência para a qualidade dos produtos de uma coluna de destilação na refinaria REPAR, no Paraná, utilizando redes neurais.

Os dados necessários para o projeto da rede (treinamento, teste e validação) foram obtidos ao longo de um ano e meio de coletas. As variáveis operacionais (vazões, pressões e temperaturas), em número de 81 variáveis, eram obtidas diretamente da planta com uma freqüência de um dado por minuto. Os dados de qualidade dos produtos eram obtidos do laboratório com uma freqüência de três dados por dia.

Em função da diferença de freqüência entre os dados de entrada da rede e os de saída, utilizou-se um pré-processamento dos dados de entrada: normalização e médias (filtros). Em seguida, utilizaram-se técnicas para minimizar o número de entrada da rede (escolher entre as 81 variáveis amostradas aquelas mais relevantes para a inferência), como:

- Análise dos componentes principais (PCA);
- Correlação cruzada;
- Determinação automática da relevância (ARD).

Para maiores detalhes destas técnicas sugere-se consultar o trabalho de [Vasconcellos et al., 2002]. A figura 4.32 mostra o esquema utilizado neste projeto da inferência da qualidade utilizando redes neurais.

A rede utilizada possuía três camadas, a de entrada, uma camada intermediária cujo número de neurônios era obtido de forma heurística, e um neurônio na camada de saída. Os neurônios utilizavam ativação do tipo "log-sigmoid".

Do total de dados disponíveis para a obtenção da rede neural (1811), utilizou-se o seguinte critério: 576 foram usados para treinamento, 384 para testes durante o treinamento e 851 para a validação da inferência.

Figura 4.32 - *Processo de geração da inferência.*

Os resultados da utilização de uma rede multicamadas, com um pré-processamento do tipo média aritmética, podem variar desde 14% de erro percentual, quando se utilizam as 81 variáveis como entradas da rede, até 1.7% de erro, quando se utilizam apenas as oito variáveis significativas obtidas pelo método de ARD e com sete neurônios na camada intermediária [Vasconcellos et al., 2002].

A figura 4.33 mostra o resultado da inferência da qualidade de um produto em tempo real ao longo de um mês de operações. Observa-se que a rede é capaz de prever as tendências de aumento e diminuição da qualidade do produto, e pode ser usada como variável de entrada de um sistema de controle. Nesta rede não existe um mecanismo para eliminar o erro estacionário da rede através de um "bias", portanto existe um desvio em regime permanente.

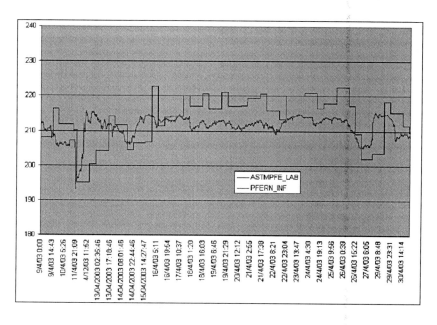

Figura 4.33 - Resultado da rede em tempo real contra as análises de laboratório.

4.19 - Modelos baseados em redes neurais para otimização das unidades

Bomfim e Caminhas (2002) desenvolveram modelos do processo utilizando redes neurais associadas com sistemas "fuzzy". Estes modelos serão utilizados em sistemas de otimização. As vantagens deste tipo de modelagem são a simplicidade, e o fato das redes neurais não apresentarem problemas de convergência após o treinamento, fornecendo uma resposta rapidamente. O sistema "fuzzy" permite modelar as informações qualitativas associadas ao processo.

Este sistema foi desenvolvido para uma Unidade de Destilação, que separa os componentes de uma carga em diversos produtos. A figura 4.34 mostra um esquemático desta unidade.

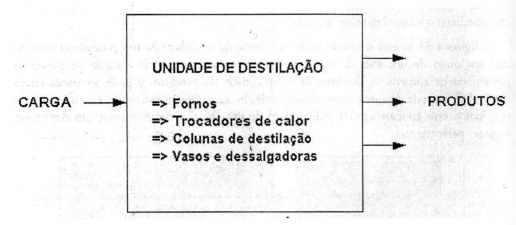

Figura 4.34 - Esquema de uma Unidade de Destilação.

Nesta aplicação, [Bomfim e Caminhas, 2002] utilizaram uma rede neural multicamadas, cujas entradas são as variáveis operacionais (vazões, pressões, temperaturas e informações qualitativas) e as saídas são pressões e temperaturas críticas para o processo, assim como as vazões dos produtos. A figura 4.35 mostra a arquitetura utilizada.

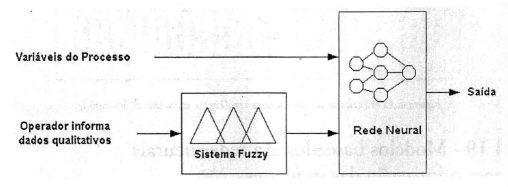

Figura 4.35 - Arquitetura da rede neural utilizando entradas "fuzzy".

O sistema "fuzzy" é utilizado para fornecer informações qualitativas sobre a unidade, como por exemplo a qualidade da carga: a carga processada está muito pesada, está normal etc. Ele também caracteriza o objetivo atual da unidade: a operação está em uma campanha para maximizar o produto 1, o produto 2 etc.

O primeiro passo para se construir a rede é definir o número mínimo de entradas não correlacionadas necessárias. Como a rede é um método estatístico, quanto menor o número de entradas, menor a necessidade de dados para treinamento. [Bomfim e Caminhas, 2002] utilizaram a análise dos componentes principais (PCA) com esse objetivo. Eles também utilizaram a estratégia de criar várias redes neurais pequenas, uma para cada variável de saída desejada, de forma a minimizar os problemas de convergência durante o treinamento. Por exemplo, para a coluna de destilação principal da unidade, foram utilizadas as seguintes entradas:

- Qualidade do petróleo ("fuzzy");
- Objetivo operacional ("fuzzy");
- Carga da unidade (vazão em m3/h);
- Temperatura de saída do forno (C);
- Temperatura do topo da coluna (C);
- Pressão do topo da coluna (kgf/cm2);
- Vazões de refluxo da coluna (em m3/h).

A próxima fase foi coletar os dados, desconsiderando aqueles associados à operações anormais, treinar e validar as redes. Para a utilização das redes em um sistema de otimização da planta em tempo real, [Bomfim e Caminhas, 2002] sugerem a estratégia da figura 4.36 de correção da saída da rede pelo erro cometido na última previsão.

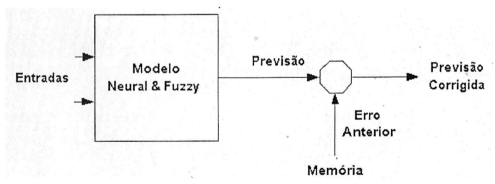

Figura 4.36 - *Correção da previsão da rede neural pelo erro anterior.*

Os resultados dos modelos das redes neurais apresentaram erros médios menores do que 5% para as vazões de produtos. As temperaturas críticas de parede dos tubos dos fornos (skin) apresentaram erros menores do que 5C [Bomfim e Caminhas, 2002].

4.20 - Referências bibliográficas

[1] Bomfim, C.H. e Caminhas, W.M., 2002, " New approach to real-time optimization using neural networks and fuzzy logic ", Hydrocarbon Processing.

[2] MATLAB User's Guide, 1990, MathWorks Inc.

[3] Nauck, D., Klawonn, F. e Kruse, R., 1997, "Foundations of Neuro-Fuzzy Systems", Wiley, Chichester.

[4] Vasconcellos, L.P, Barbosa, C., Melo, B., Vellasco, M., Pacheco, M., 2002, "Inference of Distillation Column Products Quality using Bayesian Networks", World Congress on Computational Intelligence (WCCI), Havaí, , 2002.

Parte 4.5

Aplicação de Redes Neurais Para o Controle de Processos

4.21 - Aplicação de redes neurais para o controle de processos

Na prática, o objetivo de um sistema de controle é influenciar o comportamento dinâmico de um processo, de maneira a manter as variáveis de saída nos seus respectivos valores desejados (ou set-points), ou forçá-las a seguirem determinadas trajetórias.

O desafio é projetar um sistema de controle capaz de garantir uma estabilidade e um bom desempenho em toda a faixa possível de operação. Isto é, o sistema deve ser robusto, ou seja, deve ser capaz de continuar operando apesar das incertezas e perturbações possíveis de ocorrerem na prática.

As dificuldades no projeto de sistemas de controle podem ser várias, como por exemplo:
- O processo a ser controlado é complexo, devido por exemplo ao grande número de variáveis que interagem entre si;
- O processo pode ser muito não-linear;
- Podem existir muitas incertezas nas medições e nos parâmetros internos da planta.

Pelo fato das redes neurais serem capazes de modelar e aproximar sistemas complexos e não-lineares, além de possuírem um mecanismo de aprendizagem ou "adaptação", elas sempre foram imaginadas como uma boa técnica a ser empregada no controle de processos. Principalmente, para o desenvolvimento de sistemas de controle adaptativos de plantas sujeitas a grandes incertezas nas suas dinâmicas e nos seus ganhos estáticos [Ng, 1997].

Narenda (1996) catalogou 9955 artigos sobre redes neurais publicados entre 1990 e 1995. Cerca de 7995 utilizaram as redes para aproximar funções estáticas ou reconhecer padrões também de sistemas estáticos. Apenas 1960 artigos utilizaram redes para o controle de processos, e destes apenas 14 artigos tratavam de aplicações práticas. Este levantamento mostra que a utilização de redes neurais para o controle de processos ainda representa um desafio.

O problema básico do controle de um processo (P) é encontrar uma lei de controle ou um controlador (C) capaz de atuar na planta (sinal "u") e levar as variáveis de saída ("y") para os valores desejados ou "set-points" (SP). Ver a figura 4.37.

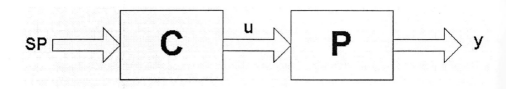

Figura 4.37 - Controlador (C) de um processo (P).

O controlador ideal seria a inversa da dinâmica do processo. Neste caso, a variável de saída "y" seria sempre igual ao valor desejado "SP", já que o produto da função de transferência do controlador pela do processo seria igual à matriz identidade.

As desvantagens de se obter a inversa do processo são [Ng, 1997]:
- Muitas plantas não possuem funções de transferência inversíveis;
- Plantas de fase não mínima têm inversas instáveis.

A seguir serão analisadas algumas aplicações de redes neurais dentro de arquiteturas de controle. A primeira estratégia é mostrada na figura 4.38, onde se utiliza a rede para obter diretamente a inversa do processo. Esta estratégia é conhecida como controle com inversa direta (Direct Inverse Control). Pode-se observar que a entrada da rede é a saída do processo, e a saída da rede é a ação de controle "u". Portanto, a rede (RN_1) é treinada para fornecer uma ação de controle capaz de levar o processo para um ponto desejado de operação "y". Em outras palavras, a rede é utilizada para aprender qual a ação de controle que gerou uma saída "y". Em seguida, esta rede (RN_1) será utilizada como o controlador do processo, só que a entrada será o valor desejado (SP) e a saída será a ação de controle capaz de levar a planta para este ponto de operação. Observa-se que este controle será em malha aberta, ou do tipo antecipatório (feedforward), já que não existe nenhuma malha de retroalimentação.

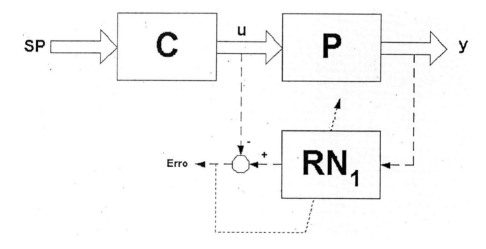

Figura 4.38 - Controle com inversa direta.

O treinamento da rede (RN_1) pode ser feito a partir de dados históricos ou de dados em tempo real. Esta estrutura apresenta diversas dificuldades:

- Por ser uma estrutura sem retroalimentação, não se garante que o processo atinja o valor desejado (SP), isto é, pode existir um erro em regime permanente entre a saída (y) e o SP. Este erro decorre de qualquer imprecisão na modelagem do processo pela rede;
- Esta estrutura tem sérios problemas de robustez e pode ser instável mesmo em sistemas lineares [Ng, 1997].

Uma variante dessa estratégia é mostrada na figura 4.39. Nesse caso, o erro entre a saída do processo (y) e o valor desejado (SP) é utilizado para a aprendizagem do controle, que é uma rede neural (RN_1). O problema é que nessa estratégia o processo (P) faz parte da camada de saída da rede RN_1, e dessa forma necessita-se conhecer o Jacobiano (J) do mesmo para que possa ser utilizado o algoritmo de aprendizagem da retropropagação. Uma maneira de contornar este problema é mostrado na figura 4.40, onde utiliza-se uma outra rede (RN_2) para modelar o processo e obter o Jacobiano aproximado.

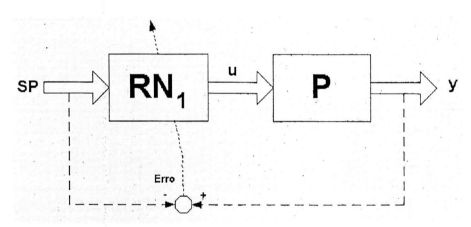

Figura 4.39 - *Variante do controle com inversa direta.*

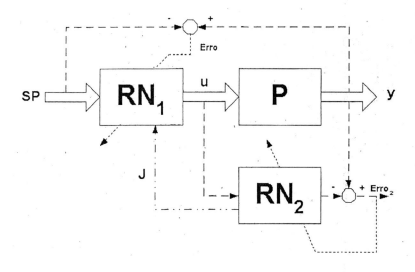

Figura 4.40 - *Rede RN_2 para aproximar o Jacobiano.*

Uma outra variante desse sistema é a estratégia conhecida como controle antecipatório inverso (Feedforward Inverse Control). A figura 4.41 mostra esse controle. Inicialmente, obtém-se uma rede RN_1, capaz de aproximar ou modelar o processo (P). Em seguida utiliza-se o modelo para treinar uma rede RN_2, de tal forma que o produto $RN_1 * RN_2$ seja igual à matriz identidade.

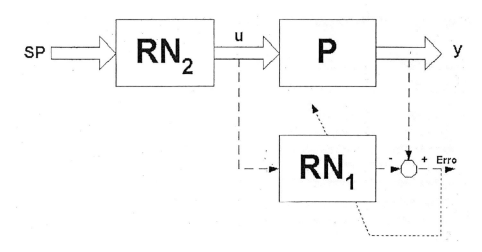

Figura 4.41 - *Controle antecipatório inverso.*

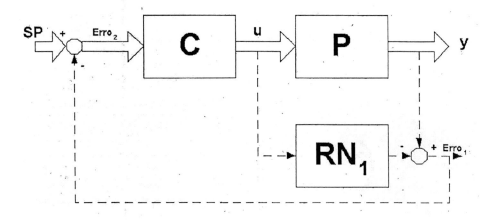

Figura 4.42 - Controle com modelo interno.

Uma terceira arquitetura é mostrada na figura 4.42. Essa estratégia é conhecida como controle com modelo interno (Internal Model Control). Nesse caso, uma rede RN_1 é inicialmente treinada para modelar o processo. Esse modelo será utilizado durante o controle para prever o comportamento do processo, e o erro cometido entre a previsão e a medição é retroalimentado para o controlador. Esse sistema em malha fechada (controlador mais rede) é capaz de eliminar os erros em regime permanente. Esse modelo de controle tem sido usado com sucesso em muitas aplicações na indústria química e petroquímica. O trabalho de [Mayne e Michalska, 1990] descreve essa estratégia de controle preditivo utilizando redes neurais. A seguir será analisado o caso de aplicação de um tipo especial de rede neural para o controle de processo.

4.22 - Aplicação de rede neural "CMAC" para o controle de Processos

A rede neural "CMAC" (Cerebellar Model Articulation Controller) foi desenvolvida por [Albus, 1975] como um modelo simplificado do córtex cerebral dos mamíferos. Para calcular a sua saída, a rede utiliza uma memória associativa [Parks e Militzer, 1992]. Isto é a rede associa para cada entrada uma posição na memória, onde está armazenada uma saída apropriada para aquela situação.

Será apresentada a seguir a estrutura e o processo de aprendizagem da rede "CMAC" em seguida esta rede será aplicada em um sistema de controle.

4.22.1 - Estrutura da rede neural "CMAC"

A figura 4.43 mostra a estrutura da rede "CMAC". Para cada vetor de entrada "U" existe somente um subconjunto de células do vetor "A" que é ativado. Por exemplo, para uma entrada particular, o vetor "A" associado poderia ser: [0, 0, 0, 1, ..., 1, 0, 1, ...,0]. Somente as células ativadas (ou iguais a 1) contribuirão para a saída da rede. De uma outra maneira, pode-se dizer que cada célula está associada a uma região particular do universo ou domínio das entradas. Este domínio é repartido de tal maneira que cada entrada ative um subconjunto de células do vetor "A".

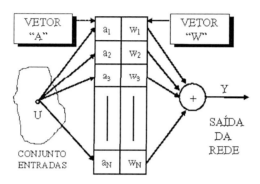

Figura 4.43 - *Estrutura da rede "CMAC".*

Pode-se considerar que o vetor "A" corresponde a um endereço da memória, e que o vetor de saída "W" corresponde ao conteúdo desse endereço. Do ponto de vista matemático, a rede "CMAC" pode ser representada por duas funções [Albus, 1975], [Miller et al., 1990], [Lane et al., 1992]:

f : U $\longrightarrow$ A

g : A $\longrightarrow$ Y

A rede pode ser construída de maneira a ter pelo menos "C" células ativas para cada entrada. A saída da rede será portanto calculada pela soma de "C" pesos associados a essas células ativas:

$$Y = \sum_{I=1}^{N}(a_I * w_I) = \sum_{J=1}^{C} w_J$$

Esta soma dos pesos associados às células ativas determina o valor da função de transferência da rede para cada ponto do universo de entrada. Esta função é normalmente não-linear, contínua e suave. De certo modo, a informação da rede está distribuída para cada entrada em várias células. Esta característica dá a rede "CMAC" uma certa robustez e capacidade de generalização [Tolle et al., 1992], isto é, existirá sempre uma vizinhança para cada entrada, cujas saídas da rede serão próximas.

O vetor "A" faz uma partição do universo de entrada. Por exemplo, um sistema com "p" variáveis, cada uma podendo assumir "r" valores, tem um número de "k = r^p" células, que é uma função exponencial do número de variáveis. Para evitar a explosão da dimensão do vetor "A", pode-se introduzir uma nova função "h" entre A e A', onde A' é um vetor de tamanho razoável [Albus, 1975], [Miller et al., 1990]:

$$f: \ U \longrightarrow A$$

$$h: \ A \longrightarrow A'$$

$$g: \ A' \longrightarrow Y$$

A função "h" é um código "hash" [Knuth, 1973], [Kergall, 1990], [Lane et al., 1992], que permite fazer uma correspondência aleatória entre dois conjuntos e que satisfaz duas características: ser simples de se calcular, para não penalizar o tempo de execução do algoritmo, e ter como imagem um vetor A' não muito pequeno, pois senão freqüentemente a mesma célula será associada a duas entradas muito distante, o que é conhecido como uma "colisão".

4.22.2 - Aprendizagem da rede "CMAC"

[Albus, 1975] utilizou um método de aprendizagem do tipo supervisionado, onde os pesos "w_i" são gradualmente ajustados até os seus valores ótimos por um algoritmo iterativo. Durante a aprendizagem a rede é submetida a uma seqüência de entradas $\{I(k)\}$, das quais se conhecem os valores desejados de saída $\{D(k)\}$ para a rede. O objetivo é encontrar os pesos de maneira a satisfazer ao máximo a seguinte equação:

$$\sum_{I=1}^{N}\left(a_I\left(k\right)*w_I\right)=D\left(k\right)$$

Onde "$a_i(k)$" é o vetor "A" de células ativas para a entrada "I(k)".

A aprendizagem pode ser considerada como um método de identificação paramétrica que permite otimizar os valores dos pesos da rede. Vários algoritmos podem ser utilizados, mas para a rede "CMAC" não se utiliza normalmente o da retropropagação do gradiente, pois ele tem a desvantagem de ser lento em redes de grandes dimensões [Miller et al., 1990]. Nesse caso, utiliza-se o algoritmo LMS ("least mean square") [Widrow e Stearns, 1985]. Portanto os pesos são ajustados pela seguinte equação:

Pode-se demonstrar que a convergência dos pesos durante a aprendizagem é função de

$$\Delta w_I = \beta * \left(D(k)-\sum_{J=1}^{N}\left(a_j\left(k\right)*w_j\right)\right)* a_I\left(k\right)$$

fator "β" (taxa de aprendizagem), que controla a velocidade e a estabilidade do algoritmo. [Parks e Militzer, 1992] estudaram a convergência deste algoritmo e fizeram uma comparação com outros métodos de aprendizagem.

4.22.3 - Aplicação da rede "CMAC" para controle de processos

Será apresentada a seguir uma aplicação da rede "CMAC" para o controle de um processo petroquímico. Esta rede será aplicada ao controle de composição de topo e de fundo de uma coluna de destilação. Esta coluna será modelada através de funções de transferência [Wood e Berry, 1973]. O elemento λ_{11} da matriz de ganhos relativos "RGA" do sistema [Stephanopoulos, 1984] é igual a 2,01, mostrando um significativo grau de interação entre as malhas de controle do processo. A equação a seguir mostra as funções de transferência do processo [Wood e Berry, 1973]:

$$\begin{bmatrix} X_D(s) \\ X_B(s) \end{bmatrix} = \begin{bmatrix} \dfrac{12,8\,e^{-s}}{16,7s+1} & \dfrac{-18,9\,e^{-3s}}{21,0s+1} & \dfrac{3,8\,e^{-8s}}{14,9s+1} \\ \dfrac{6,6\,e^{-7s}}{10,9s+1} & \dfrac{-19,4\,e^{-3s}}{14,4s+1} & \dfrac{4,9\,e^{-3s}}{13,2s+1} \end{bmatrix} \begin{bmatrix} R(s) \\ Q(s) \\ F(s) \end{bmatrix}$$

Onde: $X_D(s)$ - Composição do destilado;

$X_B(s)$ - Composição do produto de fundo da coluna;

$R(s)$ - Taxa de refluxo para resfriar o topo;

$Q(s)$ - Vazão de vapor para aquecer o fundo da coluna;

$F(s)$ - Vazão de carga da coluna.

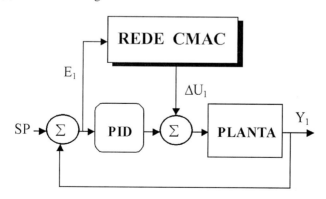

Figure 4.44 - *Arquitetura da rede "CMAC" na malha de controle do topo.*

Neste exemplo, a rede "CMAC" foi inicializada com todos os pesos iguais a zero. A arquitetura do sistema de controle é mostrada na figura 4.44. A rede irá trabalhar em paralelo com dois controladores "PID", que são ajustados de maneira a se ter uma resposta estável em toda a região possível de operação da planta. Um controlador PID irá controlar a composição de topo, e um outro, a composição de fundo. O objetivo da rede "CMAC" é aprender de modo iterativo e em tempo real uma lei de controle complementar ao PID de forma a melhorar e otimizar o desempenho do sistema de controle. O desempenho é medido pelo erro entre as variáveis de saída "X_D" e "X_B" e os seus respectivos pontos desejados ("set-points").

A tabela 1 mostra os parâmetros de ajuste do algoritmo de aprendizagem da rede "CMAC" [Campos, 1997].

Tabela 4.1 - Parâmetros da rede "CMAC".

Número de células	2626
Taxa de aprendizagem (1) - malha 1	-1,0 e-6
Taxa de aprendizagem (2) - malha 2	1,0 e-6
Período de execução da rede	3 min.
Resolução (" C ")	20

As taxas de aprendizagem desempenham um papel muito importante na garantia da convergência e da estabilidade do sistema. Entretanto, não existe uma regra genérica para a determinação dessas taxas. Elas são normalmente obtidas de uma maneira heurística através de tentativas e erros [Tolle et al., 1992][Linkens e Nie, 1993].

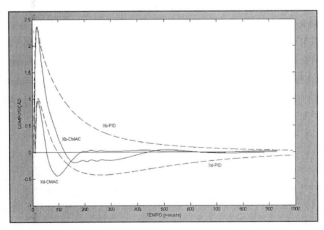

Figura 4.45 - *Desempenho do controle após a aprendizagem da rede "CMAC".*

Nesta parte do capítulo, as curvas serão normalizadas em uma escala de [-g, g], onde "g" é função dos ganhos das funções de transferência do processo. A cada iteração a rede "CMAC" otimiza os seus pesos de maneira a melhorar o desempenho do sistema de controle. A figura 4.45 mostra a resposta inicial só com os controladores PID, e o desempenho final do PID + CMAC após seis iterações. O processo sofreu uma perturbação em degrau na vazão de alimentação.

Pode-se observar que a rede "CMAC" foi capaz de aprender rapidamente uma nova lei de controle de modo a melhorar o desempenho do sistema.

A figura 4.46 mostra o desempenho da rede "CMAC" para uma nova perturbação, isto é, foram variados os pontos desejados dos dois controladores de topo e fundo. Pode-se ver que a resposta também foi melhorada em relação à dos PIDs. Nesse caso, os pesos da rede já foram inicializados com aqueles obtidos anteriormente (perturbação da vazão de alimentação). A rede "CMAC" continua a aprender em função das novas perturbações.

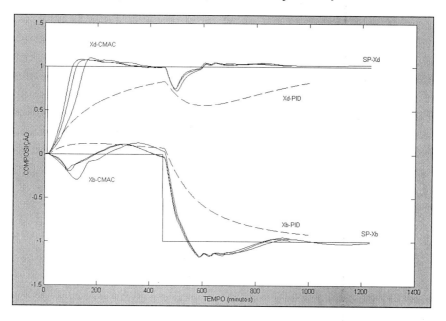

Figura 4.46 - *Desempenho da rede CMAC para mudanças no "set-point".*

A figura 4.47 mostra a superfície de controle da rede "CMAC" após a aprendizagem. Foram fixados os valores para as variações no erro "$dE_1=0$" e "$dE_2=0$", de modo a poder traçar a figura. Pode-se observar claramente os aspectos não-lineares do controle para mudanças nos erros "E_1" e "E_2".

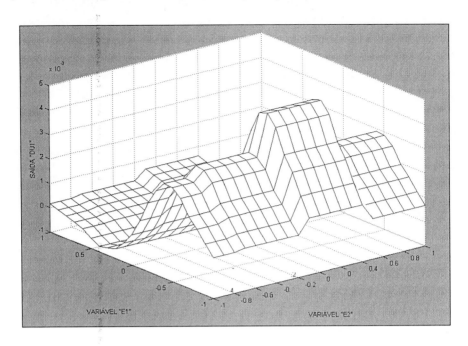

Figura 4.47 - Superfície de controle da rede CMAC.

4.23 - Referências bibliográficas

[1] Albus, J.S., 1975, " A new approach to manipulator control : The cerebellar model articulation controller (CMAC) ", Transaction of ASME, Journal of dynamics systems, Measurements and Control, 97, 220-227.

[2] Campos, M., 1997, " La simulation dynamique et l'intelligence artificielle pour l'elaboration de strategies de controle-commande multivariable flou. ", Tese de Doutorado, Ecole Centrale Paris, França.

[3] Kergall, Y., 1990, " Methodes de programmation en pascal ", Ed. Eyrolles.

[4] Knuth, D., 1973, " The art of computer programming ", 3, Sorting and searching, Ed. Addison-Wesley.

[5] Lane, S.H., Handelman, D.A. e Gelfand, J.J., 1992, " Theory and development of higher-order CMAC Neural Networks ", IEEE Control Systems Magazine, 20-30, Abril.

[6] Linkens, D.A. e Nie, J., 1993, " Constructing rule-bases for multivariable fuzzy control by self-learning ", Int. J. Systems Sci., 24 (1), 111-127.

[7] Mayne, D. e Michalska, H., 1990, "Receding horizon control of nonlinear systems", IEEE Transactions on Automatic Control 35(7) 814-824.

[8] Miller, W.T., Glanz, F.H. e Kraft, L.G., 1990, " CMAC : An associative neural

network alternative to backpropagation ", Proc IEEE, 78, 1561-1567.

[9] Narenda, K.S., 1996, "Neural Networks for Control: Theory and Practices", Proceedings of the IEEE, 84(10), October.

[10] Ng, G.W., 1997, "Application of neural networks to adaptive control of nonlinear systems", John Wiley & Sons Inc.

[11] Parks, P.C. e Militzer, J., 1992, " A comparison of five algorithms for the training of CMAC memories for learning control systems ", Automatica, 28 (5), 1027-1035.

[12] Stephanopoulos, G., 1984, " Chemical process control: An introduction to theory and practice ", Prentice-Hall Inc., New Jersey.

[13] Tolle, H., Parks, P.C., Ersu, E., Hormel, M. E Militzer, J., 1992, " Learning control with interpolating memories - General ideas, design lay-out, theoretical approaches and practical applications ", Int. J. Control, 56 (2), 291-317.

[14] Widrow, B. e Stearns, S.D., 1985, " Adaptive signal processing ", Prentice-Hall.

[15] Wood, R.K. e Berry, M.W., 1973, " Terminal composition control of a binary distillation column ", Chem. Engng. Sci., 28, 1707.

Capítulo 5

Sistemas Inteligentes Baseados em Algoritmos Genéticos

5.1 - Introdução aos algoritmos genéticos

Os algoritmos genéticos são métodos de busca inspirados nos mecanismos de seleção natural (Teoria da Evolução) e da genética. Eles combinam um mecanismo de valorização dos "melhores" indivíduos, ou dos mais adaptados ao objetivo em questão, com uma estrutura para combinar e "reproduzir" aleatoriamente estes indivíduos, criando uma nova população. Assim, a cada geração, um conjunto de novos indivíduos é criado utilizando-se informações contidas na geração passada.

Embora o algoritmo genético use um método heurístico e probabilístico para obter os novos elementos, ele não pode ser considerado uma simples busca aleatória, uma vez que explora inteligentemente as informações disponíveis de forma a buscar novas "criaturas" ou soluções capazes de melhorar ainda mais um critério de desempenho.

5.2 - Introdução à Teoria da Evolução

A Teoria da Evolução afirma que com o tempo um pequeno número de organismos semelhantes pode gerar ao longo das gerações muitos descendentes diferentes. Estes por sua vez podem se diferenciar de tal modo a se isolarem em novos grupos ou "espécies" que passam a se reproduzir entre si, fazendo com que as diferenças se perpetuem [Jacob, 1983].

Nesta teoria, os dois principais fatores que regem o aparecimento das novas espécies são o tamanho das populações e a freqüência com que aparecem as diferenças entre os indivíduos.

- Tamanho das populações: Os grupos mais numerosos se multiplicam mais rapidamente, tendendo assim a aumentar a probabilidade de aparecimento de caracteres cada vez mais distintos, e conseqüentemente novos subgrupos.

- Freqüência de aparecimento das diferenças entre indivíduos: Quanto maior a freqüências de diversificação dos indivíduos, estes se tornam mais aptos a ocuparem novos "hábitats" e a suportarem mudanças. Dessa forma, a diversidade presente em uma espécie permite que a mesma explore e se adapte melhor aos novos meios, gerando em alguns casos novas espécies.

A Teoria da Evolução considera portanto que todas as espécies vivas atualmente são descendentes das que viviam antigamente. Na maioria dos casos, as modificações que permitiram essa evolução foram feitas gradualmente e sem saltos bruscos, através da "soma" de pequenas mudanças em gerações sucessivas, que foram submetidas ao processo de seleção e adaptação ao meio ambiente.

A grande idéia de Darwin foi analisar não mais os indivíduos, mas as grandes populações. Dessa forma, não há mais um modelo para todos os indivíduos, mas sim um modelo para a média das características dos indivíduos. Toda a teoria da evolução baseia-se na lei dos grandes números, e mostra que uma pequena vantagem conferida a alguns por um pequeno aumento nas possibilidades de sobrevivência e de reprodução, pode, através do processo de multiplicação próprio dos seres vivos, gerar novas espécies ao longo de gerações.

A variabilidade que ocorre no processo de reprodução é espontaneamente e aleatoriamente produzida na natureza. Através da seleção natural, estas variações ínfimas dos indivíduos podem permitir que o mesmo ganhe a "luta" pela sobrevivência e reprodução, e mantenha essas variações nas próximas gerações.

Para Darwin, a seleção natural representa um fator de regulação que mantém o sistema em harmonia, tendo como resultado final uma melhoria sempre crescente da capacidade de adaptação do ser, relativamente às suas condições ambientais [Jacob, 1983].

5.3 - Breve introdução aos algoritmos de otimização

O objetivo de uma otimização, no caso do controle de um processo industrial, é melhorar o desempenho de um dado sistema em direção a um ponto ou região ótima de operação. Logo, existem dois pontos importantes a serem definidos: o método de busca da melhoria do desempenho e a definição do ponto ótimo. O problema de otimização pode ser enunciado da seguinte maneira:

- Encontrar um jogo de parâmetros $x \in \Omega$ que minimiza a função custo $f(x)$, respeitando as restrições: $\Omega = \{ x : Q(x) \leq 0, R(x) = 0 \}$.

Como um ser humano julga as suas decisões? Normalmente, ele considera boa uma decisão em relação ao tempo e aos recursos alocados. Ele não busca normalmente atingir o ótimo global, mas o ótimo em relação ao que os "outros" poderiam fazer. A convergência para o ótimo não precisa ser o objetivo, mesmo porque obter o ótimo de um sistema complexo pode ser muito complicado. O mais importante é a melhoria contínua. Nesse caso, a pergunta seguinte é: "Podemos atingir um patamar mais "satisfatório" de operação rapidamente?" Os algoritmos genéticos são um dos métodos que ajudam a implementar este tipo de estratégia de otimização.

Do ponto de vista teórico, pode-se classificar os problemas de otimização em duas classes: os de dimensões finitas e os de dimensões infinitas. Para os de dimensões finitas, pode-se classificar os métodos de resolução em duas grandes classes, conforme a figura 5.1 a seguir: Métodos Determinísticos e os Métodos Heurísticos.

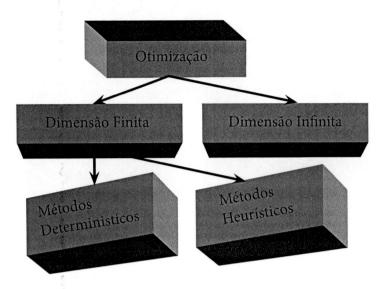

Figura 5.1 - *Classificação dos métodos de otimização.*

Uma classificação dos algoritmos de busca ou otimização é a seguinte:
1. Métodos baseados em cálculos (determinístico);
2. Métodos enumerativos (heurístico);
3. Métodos probabilísticos (heurístico).

Os métodos determinísticos baseados em cálculos usam as informações do gradiente da função a ser otimizada para a escolha do novo ponto de busca no espaço das soluções. Estes métodos têm o problema de serem locais, pois procuram a melhor solução em uma vizinhança podendo obter apenas um ótimo local. Também apresentam a desvantagem de necessitar do cálculo e da existência da derivada da função objetivo. Logo, eles necessitam que a função objetivo seja contínua, convexa e diferenciável. Estas limitações reduzem a robustez e o espaço de problemas em que estes métodos são aplicáveis.

O princípio dos métodos heurísticos é privilegiar certas direções consideradas "boas", isto é, eles são métodos seletivos. A vantagens destes métodos é que eles são rápidos, mas não garantem que irão cobrir todo o espaço possível de soluções, pois as suas regras, que guiam a busca, podem impedir que ele pesquise uma região do espaço de soluções. A figura 5.2 a seguir exemplifica um método heurístico.

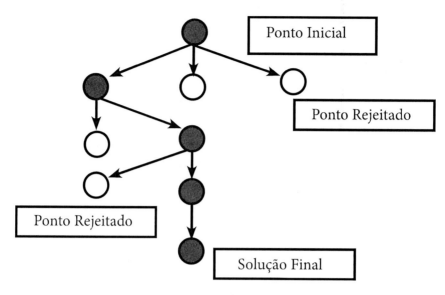

Figura 5.2 - Mecanismo da busca heurística.

Os métodos heurísticos enumerativos "discretizam" o espaço de soluções e fazem uma busca em todos os pontos possíveis. Estes algoritmos se assemelham à maneira como os seres humanos resolvem problemas pequenos, mas não são eficientes em problemas complexos e de dimensões elevadas. A vantagem destes métodos é que eles potencialmente podem obter o máximo ou mínimo global.

Os métodos heurísticos probabilísticos de busca também podem obter o máximo ou mínimo global, e em termos de eficiência são equivalentes aos enumerativos.

Os algoritmos genéticos são teórica e empiricamente reconhecidos como robustos em problemas de busca em espaços complexos [Holland, 1975][Goldberg,1989]. Mas quais são as principais diferenças do algoritmo genético em relação aos algoritmos tradicionais de otimização?

5.4 - Características dos algoritmos genéticos (AG)

As principais características dos algoritmos genéticos são que eles:
- Codificam o conjunto de parâmetros;
- Trabalham com uma população de pontos a cada passo do método e não com um único ponto;

210 | *Sistemas inteligentes em controle e automação de processos*

- Usam apenas a informação do valor da função objetivo, e não outros conhecimentos como as suas derivadas;
- Usam regras de transição probabilísticas e não determinísticas.

A codificação permite transformar, por exemplo, os parâmetros do problema em questão em um número binário (conjunto de 0 e 1's). Este número será manipulado pelos operadores do algoritmo. A vantagem é que o AG pode tirar vantagem das similaridades entre dois números binários, como será visto a seguir.

A cada passo do AG existe uma população de pontos ou de prováveis soluções, onde se avalia a função objetivo. A vantagem desta multiplicidade de pontos é que o algoritmo avalia vários "picos" ou regiões em paralelo, e a probabilidade de obter um ótimo local é bem menor do que outros métodos que trabalham com um único ponto a cada iteração.

O fato do AG não necessitar de outra informação além do valor da função objetivo torna este algoritmo mais robusto, pois pode ser aplicado a um número maior de problemas. Portanto, ele não apresenta as restrições de continuidade e existência das derivadas da função objetivo. Ele também pode incorporar conhecimentos de um problema específico de forma a acelerar o processo de busca.

Os algoritmos genéticos possuem um procedimento determinístico de busca que usa a probabilidade como uma ferramenta para guiar na escolha dos novos pontos de busca. Eles não são um método puramente probabilístico ou aleatório.

Essas quatro características dos algoritmos genéticos conferem a este método de otimização uma certa robustez que pode ser uma vantagem quando comparado com outros métodos de busca para a resolução de um dado problema.

5.5 - Algoritmo genético (AG) com parâmetros codificados binariamente

A partir da teoria da evolução e da genética, John Holland desenvolveu um algoritmo de busca chamado de algoritmo genético [Lim et al., 1996]. Este algoritmo ficou mais popularizado em 1989 por David E. Goldberg, que o aplicou para resolver um problema de controle e otimização na transmissão de gás natural em um gasoduto.

Assim como Darwin analisava uma população de indivíduos que sofriam modificações ao longo das gerações, o algoritmo genético também tem como base a análise de uma população, formada de possíveis soluções do problema a ser tratado. Inicialmente, essas soluções são geradas aleatoriamente e são representadas pelos indivíduos ou cromossomos que serão manipulados. O sistema avança na direção da melhor solução através da aplicação dos operadores "genéticos", tais como seleção, recombinação e mutação [Goldberg, 1989].

A Figura 5.3 representa uma população de indivíduos codificados em número binário, criados randomicamente.

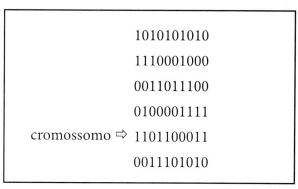

Figura 5.3 - Exemplo de uma população do AG.

Cada linha dessa população representa um indivíduo ou cromossomo, que neste exemplo poderia ser considerado como dois genes, que estão codificados e que poderiam estar representando dois parâmetros X_1 e X_2 de uma função objetivo qualquer, conforme a indicação a seguir:

Cromossomo = [1101] [100011]

O comprimento dos cromossomos é função da quantidade de parâmetros que estes representam, vezes a quantidade de bits utilizados para representar cada parâmetro. A quantidade de bits de um parâmetro está diretamente ligada com a precisão com que se deseja proceder à busca do valor ótimo dentro do domínio de variação. Por exemplo: seja uma função com parâmetros X_1 e X_2 variando no intervalo entre $f(x) = X_1 + X_2$ $[X_{min}, X_{max}]$. Então, o grau de precisão (α) pode ser avaliado diretamente pela seguinte equação:

$$\alpha = \frac{(X_{max} - X_{min})}{2^N}$$

onde N é a quantidade de bits por parâmetro. Uma precisão de aproximadamente 0,1 no intervalo [-3, 3] pode ser obtida fazendo-se N=6 bits. Como são dois parâmetros, o comprimento do cromossomo seria de 12 bits.

As principais etapas para a construção do algoritmo genético são as seguintes:

- O cromossomo deve ser construído de acordo com cada problema em particular (número de parâmetros, precisão etc.);

212 | *Sistemas inteligentes em controle e automação de processos*

- Criar um operador de seleção que aumente a probabilidade de escolha e reproducão dos indivíduos ou cromossomos melhor adaptados à função objetivo do problema;
- Definir operadores para a recombinação e mutação dos cromossomos, que irão gerar os novos indivíduos da população, e permitir uma evolução na direção desejada.

A aptidão de um cromossomo é avaliada decodificando-se o mesmo e calculando o valor da função objetivo. O número de descendentes de uma população é normalmente limitado pelo tamanho da população, que é um parâmetro do algoritmo.

Dessa forma, os procedimentos associados a um algoritmo genético podem ser extremamente simples. Inicialmente gera-se aleatoriamente uma população inicial de soluções para o problema. Em seguida define-se um conjunto de operações a serem realizadas sobre esta população inicial de forma a gerar as populações sucessivas, de tal forma que o desempenho médio destas populações futuras vá melhorando.

Um algoritmo genético simples, mas que dá bons resultados em muitos casos práticos [Goldberg, 1989], é composto de três operadores:

- Reprodução ou seleção;
- Recombinação ou "Crossover";
- Mutação.

Operador de seleção

O processo de seleção do AG age com características semelhantes às da seleção natural, aumentando a probabilidade de reprodução dos melhores cromossomos. O trabalho de [Goldberg, 1989] mostra diversas possibilidades de implementação do operador de seleção.

Operador de recombinação

O operador de recombinação ou reprodução (crossover) permite combinar dois cromossomos de uma mesma população para formar dois descendentes similares. Este operador pode ser aplicado em posições randômicas, e com uma certa probabilidade de ocorrência chamada de probabilidade de recombinação.

Inicialmente, um ponto de recombinação é selecionado aleatoriamente entre o primeiro e o último bit que formam os cromossomos "pais". A partir deste ponto, os bits dos "pais" são permutados, gerando os descendentes.

Operador de mutação

O operador de mutação altera arbitrariamente um ou mais bits do cromossomo selecionado, para aumentar a diversidade da população. Uma mutação pontual muda os 1's por 0's ou vice-versa, conforme indicado em destaque na Figura 5.4 a seguir.

$$110110[0]011 \Rightarrow 110110[1]011$$

Figura 5.4 - Exemplo do operador de mutação.

O operador de mutação permite ao algoritmo genético explorar novas possibilidades e pode impedir que este último fique preso em uma solução "local". Ao ser aumentada a probabilidade de mutação, se estará também aumentando a liberdade do algoritmo para buscar novas soluções dentro da região de domínio do parâmetro. Entretanto, o algoritmo genético poderá levar mais tempo para convergir, pois a mutação também pode destruir uma boa solução.

Tipicamente, a probabilidade de mutação é em torno de 1% a 5% dos bits de uma população. Em alguns algoritmos genéticos "elitistas" existem mecanismos de preservação dos melhores cromossomos, de forma a impedir que os mesmos sofram mutações, com o objetivo de não perder uma boa solução.

5.6 - Algoritmo genético (AG) com parâmetros contínuos

O uso de AG com parâmetros codificados binariamente apresentam uma dificuldade quando aplicados em problemas com muitas variáveis. Isto decorre do fato de que os cromossomos teriam um grande número de "bits", prejudicando a eficiência dos operadores de recombinação e de mutação, e desta forma fazendo com que o AG apresente uma taxa de convergência muito lenta. Isto motivou o desenvolvimento de AG com parâmetros contínuos.

O AG com parâmetros contínuos é muito semelhante ao anterior com a diferença na forma de representar as variáveis, e na forma de implementar os operadores de recombinação (crossover) e de mutação. A seguir será explorado com mais detalhes os passos de um AG com parâmetros contínuos. A figura 5.5 mostra um esquemático destes passos do algoritmo [Haupt e Haupt, 1998].

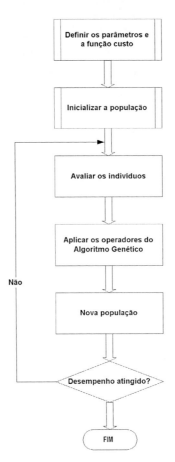

Figura 5.5 - Esquemático do AG.

Codificação e precisão

No caso do AG com parâmetros contínuos não é necessário definir o número de bit para representar cada parâmetro em função da precisão requerida, pois eles são representado diretamente como números reais, com a precisão interna do computador que estiver send usado. Neste caso, o cromossomo do AG é um vetor com as variáveis do problema:

Cromossomo = $[p_1, p_2, p_3, \ldots, p_N]$

Função custo = $f(p_1, p_2, p_3, \ldots, p_N)$

População inicial

Em geral, quanto maior for o espaço de busca, maior deve ser a diversidade inicial da população para explorar uma maior região do espaço de soluções. Da mesma forma, quanto mais complexa for a função custo, maior deve ser a população inicial para que o AG possa explorar melhor esta função. A população inicial pode ser obtida escolhendo-se um valor para os parâmetros ou variáveis de cada cromossomo randomicamente entre o seu valor mínimo e máximo.

$$\text{Cromossomo (i)} = [\ p_1, p_2, p_3, \ldots, p_N\ ]$$

onde p_J = valor randômico entre p_{JMIN} e p_{JMAX}

Existe em geral um compromisso entre o tamanho da população inicial e o número de gerações ou iterações para se obter a convergência. Em geral, o AG converge mais rapidamente, em termos de número de iterações para a solução, quando a população inicial é maior. Entretanto, um outro critério que deve ser avaliado para se comparar o desempenho do AG, é comparar o número de vezes que a função custo foi avaliada. E quanto maior a população, maior o número de avaliações da função custo.

Seleção natural

Em alguns AG, a população inicial costuma ser maior do que a população nas gerações ou iterações seguintes. A escolha dos cromossomos que irão sobreviver, ou que serão escolhidos para serem aplicados os operadores de recombinação e mutação, deverá de alguma forma valorizar aqueles cromossomos que apresentam um melhor desempenho quando avaliados pela função custo do problema em questão. Desta forma, este operador de seleção estará "imitando" a seleção natural, onde as espécies mais adaptadas ao meio tendem a sobreviver.

Um algoritmo de seleção clássico seria ordenar os cromossomos do melhor para o pior, e normalizar o valor de custo de cada cromossomo. A seguir, seria escolhido aleatoriamente um valor valorizando a posição hierárquica do cromossomo e o seu custo normalizado.

Operador de recombinação (crossover)

O operador de recombinação tem por objetivo combinar os parâmetros ou variáveis dos "pais", de forma a gerar cromossomos "filhos" que possam somar os pontos fortes de ambos e produzir uma melhor solução para o problema em questão. O objetivo deste operador é explorar o espaço de soluções do problema tentando recombinar soluções passadas para gerar melhores soluções do problema.

Existem diversos operadores de recombinação. O mais simples consiste em escolher um ou vários pontos aleatórios de corte no cromossomo, e permutar a partir destes pontos as variáveis dos cromossomos "pais" para gerar os "filhos", conforme o esquema abaixo:

$$Pai_1 = [\ p'_1, p'_2, \asymp p'_3, \ldots, p'_N\ ] \Rightarrow \quad Filho_1 = [\ p_1, p_2, \asymp p'_3, \ldots, p'_N\ ]$$

$$Pai_2 = [\ p_1, p_2, \asymp p_3, \ldots, p_N\ ] \quad \Rightarrow \quad Filho_2 = [\ p'_1, p'_2, \asymp p_3, \ldots, p_N\ ]$$

O problema deste operador simples de recombinação é que nenhuma nova informação é introduzida nos cromossomos "filhos".

Uma outra possibilidade é fazer uma média ponderada entre os valores dos parâmetros. Este método é conhecido como "blending". O fator de mistura β é um parâmetro de ajuste do método, e pode, por exemplo, ser um valor randômico entre 0 e 1.

$$P_{NOVO} = \beta * Ppai_1 + (1-\beta) * Ppai_2$$

O problema deste operador "blending" de recombinação é que nenhuma extrapolação além dos valores dos parâmetros existentes é feita.

Uma outra possibilidade é fazer uma combinação linear entre os valores dos parâmetros. Este método é conhecido como "crossover" linear. Neste método, geram-se, a partir dos "pais", três cromossomos "filhos", sendo um a média dos valores dos "pais", e os outros dois valores, extrapolados, conforme as seguintes equações:

$$P_{NOVO\_1} = 0.5 * Ppai_1 + 0.5 * Ppai_2$$

$$P_{NOVO\_2} = 1.5 * Ppai_1 - 0.5 * Ppai_2$$

$$P_{NOVO\_3} = -0.5 * Ppai_1 + 1.5 * Ppai_2$$

Capítulo 5 – Sistemas Inteligentes Baseados em Algoritmos Genéticos | 217

Um outro operador de recombinação utilizado é o "BLX-α crossover" que também tem a possibilidade de extrapolar os valores dos parâmetros:

$$Pai_1 = [\, p'_1, p'_2, p'_3, \ldots, p'_N \,] \quad \Rightarrow \quad Filho_1 = [\, h_1, h_2, h'_3, \ldots, h'_N \,]$$

$$Pai_2 = [\, p_1, p_2, p_3, \ldots, p_N \,]$$

Onde h_i é um valor aleatório entre $[\, (\, P_{I\,MIN} - J * \alpha \,) , (\, P_{I\,MAX} + J * \alpha \,) \,]$, e:

$P_{I\,MIN}$ - é o valor mínimo entre p'_I e p_I

$P_{I\,MAX}$ - é o valor máximo entre p'_I e p_I

$$J = (\, P_{I\,MAX} - P_{I\,MIN} \,)$$

α - valor de ajuste do operador (valor normal = 0,3).

A escolha do operador de recombinação mais adequado depende do problema em questão. O operador de recombinação é fundamental para o desempenho do AG, pois é através dele e do operador de seleção que o AG tenta combinar e explorar as informações dos melhores cromossomos de forma a "caminhar" na direção certa para resolver o problema e com uma velocidade de convergência adequada.

Operador de mutação

O operador de mutação tem por objetivo introduzir uma diversidade nos cromossomos da população do AG, de forma a evitar que o mesmo fique preso em mínimos locais. Entretanto, se a taxa de mutação for muito elevada o AG corre o risco de perder antigos parâmetros ótimos e executar uma busca puramente aleatória, o que não é desejável, pois a velocidade de convergência para a solução do problema tenderá a diminuir.

Uma maneira simples de se implementar o operador de mutação é definir uma probabilidade de mutação (PM) e definir o número de parâmetros da população que irá sofrer mutação (N_{PARMUT}):

Número de parâmetros para mutação (N_{PARMUT}) = PM * Número de parâmetros da população

A seguir, escolhe-se aleatoriamente dentro da população um parâmetro e aplica-se o seguinte operador de mutação:

P_{J_NOVO} = valor randômico entre P_{JMIN} e P_{JMAX}

218 | *Sistemas inteligentes em controle e automação de processos*

Este procedimento será repetido até que se tenha alterado o número de parâmetros desejados em função da probabilidade de mutação, que é o número de parâmetros da população que irá sofrer mutação, calculado anteriormente.

Um outro operador de mutação utilizado é o "não uniforme", onde a perturbação permitida nos parâmetros vai diminuindo em função do número de gerações ou de iterações do AG. Neste caso também existe uma probabilidade de mutação e um algoritmo que escolhe aleatoriamente qual o parâmetro do cromossomo ou indivíduo que vai sofrer mutação:

Cromossomo = [P_1, P_2, P_3, . . ., P_N], e seja P_J o parâmetro que deve sofrer mutação.

Então: $P_{J\_NOVO} = P_J + \Delta [t , (P_{JMAX} - P_J)]$ se $\phi = 0$

$P_{J\_NOVO} = P_J - \Delta [t , (P_J - P_{JMIN})]$ se $\phi = 1$

Onde ϕ é um número aleatório igual a 0 ou 1, t é o índice da iteração ou geração atual do AG e a função Δ é a seguinte função exponencial:

$$\Delta [t , y] = y * R (1 - (t/T))^B$$

T é o número máximo de iterações ou gerações do AG, R é um número aleatório entre 0 e 1, e B é um fator de sintonia do operador. A função $\Delta [t , y]$ vai retornar sempre um valor entre 0 e y, sendo que a probabilidade de retornar 0 aumenta com o número de iterações. Isto é, no início do AG o operador de mutação "não uniforme" irá gerar uma perturbação maior nos cromossomos do que nas últimas gerações, onde o operador tenderá a fazer uma busca em torno dos valores atuais.

5.7 - Resultados de um exemplo de algoritmo genético (AG)

De forma a estudar o desempenho de um algoritmo genético foi escolhida a seguinte função de teste [Raposo, 2000]:

$Q(x) = x_1^2 + x_2^2 + 40 sen x_1 sen x_2$ Objetivo: minimizar para $-3 \le x_i \le 3$ $i = 1,2$

A figura 5.6 mostra a função $Q(x)$ considerada. Os parâmetros do AG utilizados foram os seguintes: População com 80 indivíduos, número de bits por variável igual a 10, probabilidade de recombinação igual a 80% e probabilidade de mutação igual a 5%.

A solução encontrada pelo AG foi a seguinte:

x_1 = 1,4824

x_2 = -1,4824

Valor da função objetivo no ponto ótimo: = -35,2933

Como o AG utiliza valores randômicos nos seus operadores, a solução anterior não é única. Isto é, cada vez que se executa o AG, em função da população inicial, o processo de otimização poderá convergir para uma outra solução.

A evolução ao longo das gerações, ou iterações do AG, da média dos valores da função objetivo, e do melhor indivíduo da população são mostrados na figura 5.7.

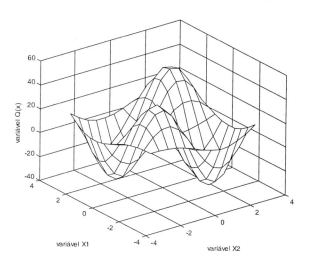

Figura 5.6 - *Gráfico de superfície da função de teste.*

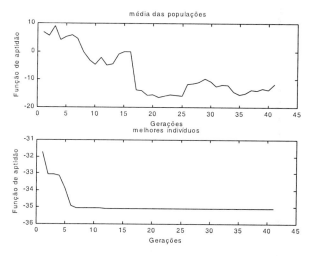

Figura 5.7 - *Gráfico da média e do melhor indivíduo da população.*

220 | *Sistemas inteligentes em controle e automação de processos*

5.8 - O algoritmo genético evolução diferencial

Dentre alguns algoritmos genéticos de parâmetros contínuos, podemos citar o algoritmo denominado "Evolução Diferencial", ou DE ("Differential Evolution"). Este algoritmo foi desenvolvido por Storn e Price (1996) e foi considerado um dos melhores algoritmos evolucionários para solução de problemas com parâmetros contínuos no "1st International Contest on Evolutionary Computation", realizado em Nagoya, Japão, em 1996.

Este algoritmo difere um pouco na estrutura básica dos algoritmos genéticos apresentados anteriormente, na seqüência de aplicação dos operadores genéticos e nas próprias características dos operadores. Segundo Chiou e Wang (1999), a estrutura básica do algoritmo DE pode ser descrita através da tabela 5.1.

Tabela 5.1: Estrutura seqüencial do algoritmo tipo "DE"

Etapa	Procedimento
1	Inicialização
2	Operação de mutação
3	Operação de recombinação
4	Avaliação dos indivíduos "filhos"
5	Operação de seleção entre os indivíduos "pais" e "filhos" para a formação da próxima geração
6	Repetição das etapas 2 a 5

A operação de inicialização é realizada conforme a equação (I) através da formação de uma população uniformemente distribuída dentro de um espaço de busca definido pelos limites inferiores e superiores dos parâmetros de decisão.

$$Z_m = \left\{ \rho_{pi} \cdot \left(z_{max\ p_i} - z_{min\ p_i} \right) + z_{min\ p_i} \right\}_{i=1:n} \quad (I)$$

onde ρ_{p_i} são números que podem assumir valores aleatórios entre 0 e 1, gerados de forma a manter uma distribuição uniforme entre eles.

Z_m denota o indivíduo m da população, e consiste no conjunto de todos os parâmetros p_i, $i=1...n$ gerados randomicamente através de ρ_{p_i} e enquadrados dentro de seus limites inferiores $z_{min\ p_i}$ e superiores $z_{max\ p_i}$.

Capítulo 5 – Sistemas Inteligentes Baseados em Algoritmos Genéticos | **221**

A operação de mutação é aplicada a todos os indivíduos da população. Para cada indivíduo i, selecionam-se outros 4 indivíduos j, k, l e m da população, e define-se um vetor diferença como sendo:

$$D_{jklm} = D_{jk} + D_{lm}(Z_j - Z_k) + (Z_l - Z_m) \qquad \text{(II)}$$

Utilizando-se esta informação, o indivíduo i pode ser replicado através do operador de mutação proposto por Storn e Price (1996) segundo a equação (III).

$$Z_i^{G-1} = Z_i^{G-1} + F.D_{jklm} \qquad \text{(III)}$$

G indica a geração na qual está sendo replicado o indivíduo. O fator $F \in [0 \sim 1,2]$ foi introduzido como um fator de escalonamento para assegurar uma rápida convergência [Chiou e Wang, 1999], sendo usualmente ajustado em 1.

Para aumentar o grau de diversidade dos novos indivíduos na nova geração, os parâmetros dos indivíduos originais Z_i^{G-1} e dos replicados Z'_i^{G-1} são combinados pelo operador de recombinação de forma a gerar o indivíduo definitivo Z_i^G na nova geração. Esta recombinação ocorre associando para cada parâmetro do indivíduo uma variável aleatória α. Dependendo do valor desta variável aleatória ser maior ou menor do que um fator de "crossover" C_R, o parâmetro do indivíduo Z_m^{G-1} ou do indivíduo Z'_m^{G-1} é utilizado para compor o parâmetro do novo indivíduo Z_m^G.

O exemplo seguinte ilustra esta operação, aplicada a um indivíduo da população Z_m^{G-1} = $(p_{1m}, p_{2m}, p_{3m},...,p_{nm})$. Após a replicação do indivíduo utilizando o operador de mutação, obtém-se $Z'_m^{G-1} = (p'_{1m}, p'_{2m}, p'_{3m},...,p'_{nm})$. O resultado da recombinação entre estes dois indivíduos será igual a $Z_m^G = (p_{1m}, p'_{2m}, p'_{3m}, p_{4m}...,p_{nm})$, caso α_2 e α_3 sejam maiores do que C_R e os demais α_i, $i \neq 2,3$ sejam menores ou iguais a C_R.

O fator de "crossover" C_R pode assumir valores entre $[0 \sim 1]$ e é ajustado pelo usuário. Supondo um fator ajustado em 0,5, este número estabeleceria uma probabilidade de 50% dos parâmetros sofrerem recombinação. Pode-se observar que, neste algoritmo, o grau de mutação está associado à recombinação. Embora todos os parâmetros dos indivíduos sejam replicados na operação de mutação, somente aqueles que forem substituídos durante a recombinação farão parte efetivamente do indivíduo que será avaliado pela função objetivo. Para este novo indivíduo Z_m^G gerado, calcula-se a função objetivo $c_m^G = f(Z_m^G)$, onde

$$c = f(Z) = f(p_1, p_2, p_3,..., p_n) \qquad \text{(IV)}$$

depende de cada parâmetro que caracteriza o indivíduo.

Neste algoritmo, invariavelmente todos os indivíduos sofrerão alterações em seus parâmetros por conta desta metodologia de mutação e recombinação, sendo conseqüentemente avaliados pela função objetivo.

222 | *Sistemas inteligentes em controle e automação de processos*

O processo de seleção natural ocorre ao final da avaliação de todos os novos indivíduos. Cada indivíduo gerado possui um resultado $c_m{}^G = f(Z_m{}^G)$ que será comparado com o resultado da função objetivo aplicada ao indivíduo "pai" $c_m{}^{G-1} = f(Z_m{}^{G-1})$. Caso o resultado do indivíduo "filho" venha a ser melhor do que o do "pai", o indivíduo "filho" substitui o indivíduo "pai" na população, assumindo o seu lugar na oferta de material "genético" para as gerações futuras.

Dada esta característica do algoritmo DE, esta técnica estabelece uma competição de 1 para 1 entre indivíduos "pais" e "filhos" na formação das gerações futuras. Caso durante a reprodução, o "filho" venha a possuir características genéticas mais adequadas à função objetivo, este virá a substituir o "pai" na geração futura. Caso contrário, o "pai" permanece na geração futura para gerar um novo "filho" com outras características distintas que serão reavaliadas. O algoritmo prossegue até que um critério de parada o interrompa, como por exemplo o número máximo de gerações.

Alguns testes foram realizados de forma a estudar o desempenho destes algoritmos em funções complexas. Os resultados, bem como os aspectos das funções objetivo a serem minimizadas ou maximizadas, são apresentados a seguir.

É interessante observar que, de fato, o algoritmo opera adequadamente, isto é, determinando soluções ótimas apesar da grande quantidade de mínimos locais existentes em algumas funções.

Os parâmetros de ajuste do algoritmo genético foram:

- número de indivíduos na população: 50;
- número de gerações para avaliação da função objetivo: 100;

As funções de teste estão relacionadas a seguir:

Função: $C(x) = x_1^2 + x_2^2 - \cos(18.x_1) - \cos(18.x_2)$

Limites: $-1 \le x_i \le 1$ $\qquad\qquad i = 1,2$

Objetivo: minimizar

Solução do algoritmo: $x_1 = 0$; $x_2 = 0$; Valor no ponto ótimo: -2

As figuras 5.8 e 5.9 mostram os resultados para este exemplo.

Capítulo 5 – Sistemas Inteligentes Baseados em Algoritmos Genéticos | **223**

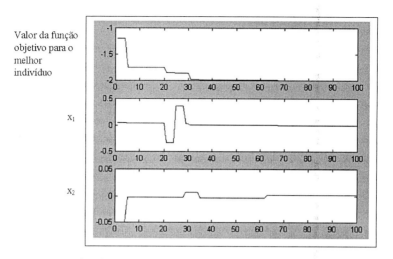

Figura 5.8 - *Gráfico da evolução da busca pelo ponto ótimo ao longo das gerações.*

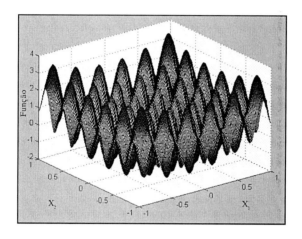

Figura 5.9 - *Superfície da função de teste.*

Função: $C(x) = x_1.x_2.sen(x_1).sen(x_2)$

Limites: $6 \leq x_i \leq 16$ $\qquad i=1,2$

Objetivo: minimizar

Solução do algoritmo: $x_1 =11,1502$; $x_2 =14,1909$; Valor no ponto ótimo: -156,1174

As figuras 5.10 e 5.11 mostram os resultados para este exemplo.

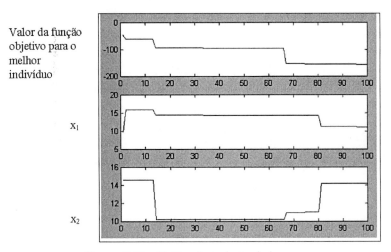

Figura 5.10 - *Gráfico da evolução da busca pelo ponto ótimo ao longo das gerações.*

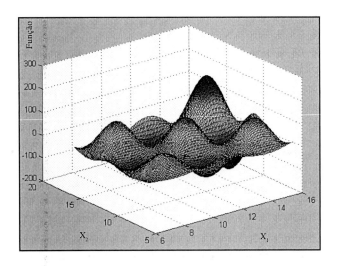

Figura 5.11 - *Superfície da função de teste.*

5.9 - Aplicações em Engenharia

A aplicação dos algoritmos genéticos na área de sistemas inteligentes para controle automação de processos tem se intensificado nos últimos anos e diversos trabalhos têm sido publicados.

Onnen et al. (1997) sugerem a utilização dos algoritmos genéticos para a determinação das melhores ações de controle em controladores preditivos não-lineares, testando sua validade em um sistema de controle de pressão de um processo de fermentação em batelada.

Morimoto e Hashimoto (2000) investigaram a aplicação de algoritmos genéticos em controle de processos de cultivo e armazenamento de vegetais, utilizando sistemas inteligentes de identificação de cenários. A partir da identificação do modelo adequado à situação observada utilizando redes neurais, o cenário é simulado e parâmetros ambientais ótimos são determinados com o uso de algoritmos genéticos. Estes parâmetros são ajustados para o controle do processo.

Raposo (2000) desenvolveu uma dissertação de mestrado utilizando algoritmos genéticos para realizar uma busca automática das melhores regras para composição da estrutura de controladores "fuzzy" em processos petroquímicos.

Na área de sintonia de controladores, Aguirres et al. (2000) testaram a utilização de algoritmos genéticos na auto-sintonia de controladores PID para controle de velocidade de motores de indução trifásico.

Saito (2002) desenvolveu uma dissertação de mestrado onde investiga a utilização desta técnica de otimização aplicada à busca de parâmetros adequados para o problema de sintonia de controladores preditivos multivariáveis lineares.

Em alguns sistemas de otimização de unidades da PETROBRAS, utilizou-se o algoritmo genético para a busca do ponto ótimo. O AG prepara os cenários de operação, que são os indivíduos da sua população, e os envia para um simulador rigoroso do processo, que avalia estes possíveis pontos operacionais. Os resultados do simulador são transformados em índices de desempenho, que representam a função objetivo do AG. A vantagem do uso de AG nestes casos, é a possibilidade de se utilizar heurísticas que valorizam experiências operacionais na definição dos cenários ótimos.

5.10 - Sintonia de controladores preditivos multivariáveis utilizando-se AG

A sintonia de um controlador consiste no ajuste dos seus parâmetros internos de tal forma que o desempenho das variáveis controladas e manipuladas seja satisfatório para um dado processo.

A atividade de sintonia consome muitos recursos de engenharia durante a fase de comissionamento dos controladores. Na área de processos industriais, esta atividade ganha maior complexidade dada a quantidade de variáveis envolvidas. Apesar disso, o engenheiro de controle possui a habilidade de ajustar o desempenho desejado para um sistema de controle

226 | *Sistemas inteligentes em controle e automação de processos*

a partir do conhecimento dos objetivos de controle, do comportamento dinâmico do processo e do relacionamento existente entre suas variáveis. Entretanto, ferramentas capazes de acelerar este processo de sintonia, como o que será descrito a seguir, podem trazer grandes ganhos a esta atividade.

O ajuste dos parâmetros de sintonia de um controlador passa pela análise das ações de controle que foram tomadas pelo sistema para as variáveis manipuladas com graus distintos de intensidade e velocidade, umas em relação às outras. Sistemas de controle multivariável introduzem maior complexidade ao problema de sintonia em função da existência de eventuais interações entre tais variáveis.

Na área de processos químicos, o controlador preditivo baseado em modelo tem se destacado pela sua capacidade de resolver o problema de sistemas de controle multivariável [Morari e Lee, 1999]. Sua aplicação tem se consolidado, principalmente, nas indústrias de petróleo e petroquímica, e diversos estudos têm sido realizados no sentido de resolver problemas associados ao seu desempenho [Qin e Badgwell, 1996].

O controle preditivo baseado em modelo, ou mais comumente denominado controle preditivo, se refere a uma classe de algoritmos projetados para gerar uma seqüência de ações sobre um conjunto de variáveis manipuladas com o objetivo de otimizar o comportamento futuro de uma planta industrial.

Especificando com mais detalhes, o controlador preditivo pertence a uma classe de controladores que, fazendo uso de um modelo do processo e conhecendo os valores de ações de controle e variáveis controladas passadas, e do valor atual destas últimas, é capaz de prever o comportamento dinâmico das variáveis controladas ao longo de um horizonte futuro. Esta característica possibilita a computação das melhores ações de controle de modo a reduzir os erros futuros entre a trajetória desejada das variáveis de controle e a trajetória prevista para as mesmas, de modo a atender um critério de desempenho.

O diagrama de blocos ilustrativo do controlador preditivo é apresentado na figura 5.12.

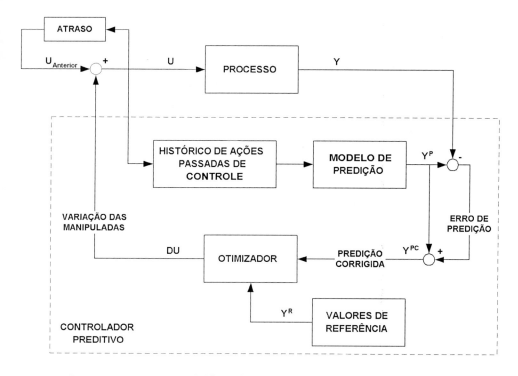

Figura 5.12 - *Diagrama de blocos de um controlador preditivo multivariável.*

Os modelos do processo incorporados no controlador preditivo podem ser lineares ou não-lineares. Os controladores disponíveis hoje para aplicações industriais se baseiam predominantemente em modelos lineares [Cutler e Ramaker, 1979; Qin e Badgwell, 1996; Meadow e Rawlings, 1997; Morari e Lee, 1999] e pressupõem que o comportamento dinâmico do processo em torno de um ponto considerado nominal de operação é linear.

O modelo matemático de um sistema multivariável linear pode ser representado genericamente através da seguinte equação :

$$\overline{Y}^{pc} = \overline{Y}^* + \widetilde{S}\Delta\overline{U} + \overline{D} \qquad (V)$$

onde $\overline{Y}^{pc}$ representa o comportamento futuro predito para um conjunto de variáveis y_i em cada momento até o instante determinado, denominado de "horizonte de predição"; $\overline{Y}^*$ representa as informações do comportamento passado de y_i e armazena todas as informações que descrevem a influência das ações de controle passadas no comportamento das variáveis em cada instante futuro ao longo do vetor de predição; $\widetilde{S}$ é a matriz que caracteriza o comportamento dinâmico do processo; $\Delta\overline{U}$ é o vetor das ações de controle que serão calculadas e inseridas no sistema no instante atual até um futuro

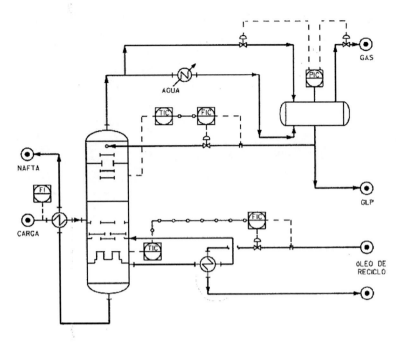

Figura 5.13 - Estruturas típicas de controle de uma torre de fracionamento de GLP e nafta.

determinado denominado de "horizonte de controle"; e D são as correções dinâmicas dos erro de predição introduzidas no modelo a cada instante de execução do algoritmo de controle

A determinação das ações de controle é realizada através de um processo de otimização que utiliza uma função objetivo da forma:

$$J = (\overline{Y}^{pc} - \overline{Y}^r)^T . \overline{\Gamma}^T . \overline{\Gamma} . (\overline{Y}^{pc} - \overline{Y}^r) + \Delta \overline{U}^T . \overline{\Lambda}^T . \overline{\Lambda} . \Delta \overline{U} \quad \text{(VI)}$$

onde $\overline{Y}^r$ são os valores de referência desejados para o conjunto das variáveis y_i no futuro, $\overline{\Gamma}$ e $\overline{\Lambda}$ são conhecidos respectivamente como fatores de ponderação de erro ("equal concern factors") e fatores de supressão de movimento ("move supression factors") [Luyben, 1992] constituem-se nos principais parâmetros de sintonia de um controlador preditivo multivariável

Uma torre de fracionamento de GLP e nafta pode ser escolhida para a implementação d um controlador preditivo. Conforme a figura 5.13, as variáveis de controle desta torre sã a temperatura de topo e a temperatura de fundo, e as variáveis manipuladas pelo sistema d controle são a vazão de refluxo e a vazão para o trocador de calor responsável pelo forneci mento de carga térmica para o fundo da torre.

Capítulo 5 – Sistemas Inteligentes Baseados em Algoritmos Genéticos | 229

Este processo pode ser modelado na forma descrita na equação (V), e utilizando um processo de otimização, as ações de controle são determinadas de modo a minimizar uma função objetivo descrita na equação (VI).

A qualidade do desempenho em malha fechada de um sistema de controle pode ser avaliada através de índices de desempenho. Estes índices podem ser calculados através do acompanhamento da trajetória da variável controlada em relação ao seu valor de referência desejado ao longo de uma janela de avaliação.

Alguns índices de desempenho e sua definição são relacionados na tabela seguinte:

Tabela 5.2 - Índices de desempenho para avaliação de sistemas de controle em malha fechada

Índice de desempenho	Descrição	Expressão
IAE	Integral do módulo do erro	$\int \lvert e(t) \rvert .dt$
ISE	Integral dos erros ao quadrado	$\int e^2(t).dt$
ITAE	Integral do módulo do erro vezes o tempo	$\int t.\lvert e(t) \rvert .dt$

Nestes índices, $e(t)$ é a diferença entre o valor medido da variável controlada e o valor desejado para ela em cada instante t ao longo da janela de avaliação.

Assim, o desempenho de um controlador preditivo para uma dada sintonia pode ser expresso através de uma função objetivo da forma $\Omega(\overline{\Gamma}, \overline{\Lambda}) = ISE(\overline{Y}_i^m, \overline{Y}_i^r, t)$, $i = 1,..,n_{vc}$, onde $\overline{Y}_i^m$ é um vetor composto pela trajetória da variável controlada y_i ao longo da janela de avalia-ção t, e $\overline{Y}_i^r$ é um vetor composto pela trajetória do valor de referência da variável controlada y_i nesta mesma janela. Os vetores $\overline{\Gamma}$ e $\overline{\Lambda}$ representam a sintonia do controlador preditivo que se deseja obter.

A tentativa de se determinar uma sintonia adequada para o controlador preditivo é exer-citada através de um algoritmo genético cujo objetivo é minimizar a função $\Omega(\overline{\Gamma}, \overline{\Lambda})$, onde os indivíduos da população que serão submetidos ao processo evolutivo correspondem aos parâmetros de sintonia $\overline{\Gamma}$ e $\overline{\Lambda}$. A figura 5.14 apresenta a linha geral do processo de busca desta sintonia.

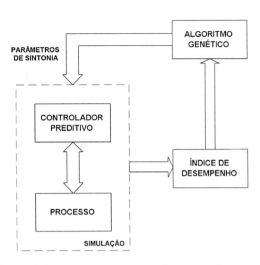

Figura 5.14: Diagrama de blocos do processo de ajuste dos parâmetros de sintonia utilizando-se algoritmos genéticos.

Primeiramente é gerada uma população inicial de indivíduos através de um processo randômico, respeitando-se os limites superiores e inferiores que delimitam o espaço onde o algoritmo deverá realizar o processo de busca.

Esta população inicial é avaliada e submetida em seguida ao processo evolutivo utilizando-se o algoritmo "DE" conforme descrito no item 5.8. Os novos indivíduos resultantes deste processo também são submetidos à avaliação e os melhores indivíduos entre as populações relativas às últimas duas gerações serão selecionados para compor a base de uma futura população através de novo processo evolutivo. As populações serão sistematicamente avaliadas ao longo das gerações até que um critério de término seja atendido, interrompendo assim o processo de busca.

Para a avaliação de um indivíduo, usa-se a sua respectiva sintonia no controlador preditivo e simula-se o seu desempenho para um modelo do processo. A simulação é feita considerando-se uma janela de tempo na qual são aplicadas várias perturbações.

O diagrama de blocos da figura 5.15 apresenta o procedimento detalhado de ajuste da sintonia do controlador preditivo utilizando esta metodologia.

A quantidade de indivíduos em uma população indica o grau de diversidade da mesma. Quanto maior o número de indivíduos, maior será o mapeamento inicial da região de busca possibilitando uma convergência em menos gerações. Por outro lado, uma população muito grande implica em maior quantidade de avaliações da função objetivo e, conseqüentemente, maior tempo de processamento.

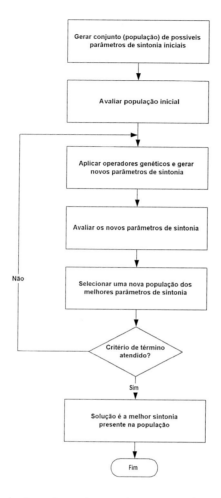

Figura 5.15: *Procedimento de ajuste dos parâmetros de sintonia utilizando-se algoritmos genéticos.*

Considerando estas restrições, adotou-se inicialmente a quantidade de 10 indivíduos para compor a população de parâmetros de sintonia que serão submetidos ao processo de otimização.

Dentre os critérios de parada do processo de busca, pode-se citar a convergência do índice de desempenho do melhor indivíduo da população para um valor especificado ou a constatação da manutenção do valor do melhor índice de desempenho da população durante um número definido de gerações. Para este exemplo foi considerada a segunda opção, dada a dificuldade de se estabelecer um valor de compromisso que refletiria o desempenho desejado.

232 | *Sistemas inteligentes em controle e automação de processos*

No entanto, este segundo critério não pode ser considerado um critério absoluto de identificação de convergência. Algoritmos genéticos tendem a ser rápidos em convergência nas primeiras gerações, mas lentos quando próximos das regiões ótimas.

Para avaliação do desempenho do controlador em malha fechada, foram definidos degraus nos valores de referência das variáveis controladas (temperatura no topo e fundo da torre fracionadora) durante uma janela de simulação de tamanho condizente com os tempos de resposta observados no processo real. Com esta ação, gerou-se um cenário de perturbações que será a base para determinar o índice de desempenho de uma dada sintonia.

Partiu-se de um estado estacionário com as temperaturas no topo e fundo respectivamente em 84^{0}C e 144^{0}C. No instante t =1min foi inserido um degrau no valor de referência da temperatura de topo, alterando-a para 86^{0}C. Em t =15min foram inseridos novos degraus nos valores de referência, alterando as temperaturas de topo para 88^{0}C e de fundo para 140^{0}C. Finalmente em t =30min, o valor de referência da temperatura de topo foi alterado para 86^{0}C e da temperatura de fundo para 142^{0}C. A figura 5.16 apresenta o resultado do desempenho em malha fechada com uma sintonia obtida após a evolução de 23 gerações.

Pode-se observar uma melhor resposta na temperatura de fundo em relação à temperatura no topo. Observa-se também que a temperatura no fundo possui menor interação com relação à vazão do refluxo de topo. Já a temperatura no topo possui uma grande sensibilidade, tanto em relação à vazão de fluido quente para o trocador de calor que fornece carga térmica para o fundo da torre quanto à vazão do refluxo de topo.

A evolução da função objetivo e dos parâmetros de sintonia para as variáveis controladas e manipuladas é apresentada na figura 5.17. O gráfico representa a função objetivo e os pesos associados somente ao indivíduo da população que apresentou o melhor desempenho.

Observa-se que o algoritmo genético evolui na busca de um melhor desempenho do controlador durante quase 20 gerações. Como em cada geração o algoritmo avalia a população inteira de 10 indivíduos, pode-se concluir que foram avaliados 200 indivíduos até esta geração.

Observa-se também que logo na segunda e sexta gerações, o algoritmo determina uma alteração nas sintonias que levam a considerável redução da função objetivo.

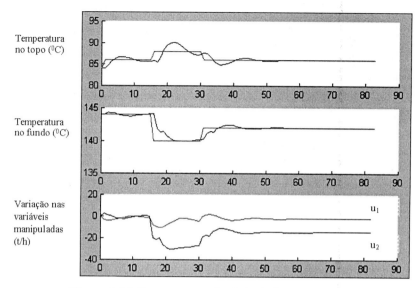

Figura 5.16: Resposta em malha fechada das temperaturas no topo e fundo; Sintonia após 23 gerações; Tempo em minutos.

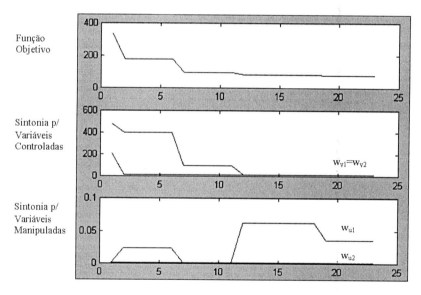

Figura 5.17: Evolução da função objetivo e das sintonias ao longo de 23 gerações.

234 | *Sistemas inteligentes em controle e automação de processos*

Os resultados obtidos para o processo escolhido indicam um potencial quanto à aplicação da metodologia testada em projetos de implantação destes controladores.

Alguns aspectos vantajosos na utilização desta metodologia podem ser listados a seguir:

- O algoritmo genético apresenta boa capacidade de determinação de pontos ótimos através de sua característica de busca multidirecional;
- Funções objetivo complexas podem ser tratadas pelo algoritmo sem quaisquer alterações na metodologia;
- É possível a alteração de cenários e a inclusão de múltiplas funções objetivo possibilitando a determinação de sintonias robustas.

Quanto às principais dificuldades para a implementação desta metodologia, pode-se citar:

- O tempo computacional relativamente elevado na determinação da função objetivo. Este tempo aumenta com a quantidade de variáveis envolvidas, com os parâmetros de ajuste do algoritmo genético (número de indivíduos da população e quantidade de gerações a serem considerados no processo evolutivo) e com a quantidade de cenários a serem reproduzidos.

Este aspecto, apesar de relevante, é cada vez menos crítico em função da evolução rápida, nos últimos anos, da velocidade dos computadores. Esta evolução tem reduzido bastante os tempos de processamento de algoritmos complexos deixando de ser o fator limitante para a implementação de tais aplicações. Não obstante, esta dificuldade hoje ainda pode ser contornada através da implantação da metodologia em arquiteturas de computação paralela.

5.11- Referências bibliográficas

[1] Aguirres, J., Araújo, A., Barbalho, D. & Carlos, L., 2000, "Auto-sintonia de PID Digital usando Algoritmo Genético para Controle de Velocidade de Motor de Indução Trifásico", Anais do XIII Congresso Brasileiro de Automática - CBA 2000, pp. 879-884, Florianópolis, Brasil.

[2] Chiou, J. e Wang, F., 1999, "Hybrid method of evolutionary algorithms for static and dynamic optimization problems with application to a fed-batch fermentation process", Computers & Chemical Engineering, v. 23, pp. 1277-1291.

[3] Cutler, C.R. e Ramaker, B.L., 1979, "Dynamic matrix control - a computer control algorithm", AIChE 86th National Meeting, Houston, Texas.

[4] Goldberg, D.E., 1989, "Genetic Algorithms in Search, Optimization and Machine Learning", USA, Addison Wesley, Inc.

[5] Haupt, R.L. e Haupt S.E., 1998, "The Continuous Parameter Genetic Algorithm", "Practical Genetic Algorithm", chapter 3, USA, Jon Wiley & Sons, Inc.

[6] Hugget, A., Sébastian, P. e Nadeau, J.P., 1999, "Global optimization of a dryer by using neural networks and genetic algorithms", AIChE Journal, v. 45, pp. 1227-

1238.

[7] Jacob, F., 1983, "A lógica da vida - Uma história de hereditariedade"

[8] Lim, M.H., Rahardja, S. e Gwee, B.H., 1996, "A GA paradigm for learning fuzzy rules". Fuzzy Sets and Systems, 82.

[9] Luyben, W.L., (Ed), 1992, "Dynamic Matrix Control", Practical Distillation Control, USA, Van Nostrand Reinhold.

[10] Meadows, E.S. e Rawlings, J.B., 1997, "Model Predictive Control", Em: Henson, M. e Seborg, D.A., (eds),"Non linear process control", chapter 5, New Jersey, USA, Prentice-Hall.

[11] Morari, M. e Lee, J.H., 1999, "Model predictive control: past, present and future", Computers & Chemical Engineering, v. 23, pp. 667-682.

[12] Morimoto, T. e Hashimoto, Y., 2000, "AI approaches to identification and control of total plant production systems", Control Engineering Practice, v. 8, pp. 555-567.

[13] Onnen, C., Babuska, R., Kaymak, U., Sousa, J.M., Verbruggen, H.B., & Isermann, R., 1997, "Genetic algorithms for optimization in predictive control", Control Engineering Practice, v. 5, pp. 1363-1372.

[14] Qin, S.J. e Badgwell, T.A., 1996, "An overview of industrial model predictive control technology", Proceedings of the 5th International Conference on Chemical Process Control, pp. 232-256, Tahoe City, USA.

[15] Raposo, T.A., 2000, "Aplicação de algoritmos genéticos para a otimização de controladores "fuzzy" em processsos petroquímicos", Tese de M.Sc., IME, Rio de Janeiro, Brasil.

[16] Saito, K, 2002, "Sintonia de Controladores Preditivos Multivariáveis utilizando-se Algoritmos Genéticos", Tese de M.Sc., COPPE, Rio de Janeiro, Brasil.

[17] Seborg, D.E., Edgard, T.F. e Mellichamp, D.A., 1989, Process Dynamics and Control, New York, John Woley & Sons.

[18] Storn, R. e Price, K.V., 1996, "Minimizing the real functions of the ICEC 96 contest by differential evolution", IEEE Conference on Evolutionary Computation, pp. 842-844, Nagoya, Japan.

Impressão e acabamento
Gráfica da Editora Ciência Moderna Ltda.
Tel: (21) 2201-6662